O diário de
Zlata

Zlata Filipović

O diário de
Zlata

A vida de uma menina na guerra

Tradução:
ANTONIO DE MACEDO SOARES
e HELOISA JAHN

Prefácio:
LEÃO SERVA

Copyright © 1993 by Éditions Robert Laffont, S. A., Paris

*Grafia atualizada segundo o Acordo Ortográfico da Língua Portuguesa
de 1990, que entrou em vigor no Brasil em 2009.*

O selo Seguinte pertence à Editora Schwarcz S.A.

Título original:
Le Journal de Zlata

Capa e projeto gráfico:
Hélio de Almeida

Fotos de capa:
Alexandra Boulat / SIPA PRESS

Revisão:
Adriana Moretto
Leonardo Ortiz Matos

Dados Internacionais de Catalogação na Publicação (CIP)
(Câmara Brasileira do Livro, SP, Brasil)

Filipović, Zlata, 1980-
    O diário de Zlata : a vida de uma menina na guerra /
Zlata Filipović; tradução : Antonio de Macedo Soares e Heloisa
Jahn ; prefácio : Leão Serva. — São Paulo : Companhia das
Letras, 1994.

    ISBN 978-85-7164-384-0

    1. Bósnia — Herzegóvina — Guerra 2. Bósnia — Herzegóvina
— História 3. Filipović, Zlata, 1980- Diários I. Título.

94-1047   CDD-920

Índice para catálogo sistemático:
1. Diários: Biografia 920

47ª reimpressão

Todos os direitos desta edição reservados à
EDITORA SCHWARCZ S.A.
Rua Bandeira Paulista, 702, cj. 32
04532-002 — São Paulo — SP
Telefone: (11) 3707-3500
www.seguinte.com.br
contato@seguinte.com.br

- /editoraseguinte
- @editoraseguinte
- Editora Seguinte
- editoraseguinteoficial

PREFÁCIO

1.

Quando cheguei a Sarajevo, em agosto de 1992, a capital sitiada da Bósnia estava sob forte bombardeio. A primeira e mais forte impressão que se tem é o barulho das bombas, claro. Tinha a sensação de ser vítima de uma máquina ou túnel do tempo que me levara para meio século atrás, quando a mesma região vivia a sua guerra civil anterior — a atual é a quinta deste século.

Chegar a uma cidade sitiada já é uma cena incrível. Depois de atravessar o país em guerra, o cerco propriamente dito é como um cordão de isolamento em torno da capital. Há um momento em que, numa distância de apenas cinco quilômetros, a pessoa cruza postos de controle militar de três exércitos e outras tantas vezes o carro é revistado por soldados armados até os dentes.

Depois, quando se entra no território dominado pelo governo de maioria muçulmana, pega-se uma avenida que lembra cenas do filme *Mad Max:* há carcaças de carros, ônibus e tanques de guerra queimados e espalhados ao longo da rua. De um dos lados estão os atiradores sérvios, que, você sabe, estão tentando mirar *você.* Então o motorista do carro deve dirigir à maior velocidade que o motor aguentar, desviando dessas carcaças e fazendo pequenas curvas para tornar o automóvel um alvo mais difícil. Não há montanha-russa mais assustadora que essa em todos os parques de diversões do mundo. O ouvido dos moradores se acostuma com as bombas que chovem sobre a cidade. Os estrangeiros estranham. Eu, correspondente de guerra, que deveria estar ali para cobrir os acontecimentos com frieza, passei a primeira tarde dentro do hotel, cheio de medo. Só não fiquei paralisado porque depois de algumas horas as bombas parecem ser uma espécie de música de fundo, e aí você sente medo apenas das mais fortes.

Os morteiros, mais comuns, fazem o barulho de um rojão em volume mais alto. Há um estampido seco, um assobio engraçado e uma explosão sem nenhuma graça. Já os tiros com armas de precisão fazem menos ruído mas são mais macabros. Quando você ouve o choque da bala contra alguma coisa, tem a certeza de que o atirador estava mirando uma pessoa e que na luneta de mira via até o rosto da pessoa, talvez até tivesse visto a expressão da vítima na hora da morte.

2.

No dia seguinte tive um outro impacto chocante. Da janela do hotel Holiday Inn, que abriga a maioria dos jornalistas estrangeiros enviados para cobrir a guerra, veem-se dois prédios gêmeos de vidro espelhado cujo nome na língua servo-croata quer dizer o mesmo que World Trade Center. Construídos como miniaturas das duas torres mais altas de Nova York, sua arquitetura procurava imprimir a imagem de um socialismo moderno, conotando a promessa de um futuro cheio de "negócios com o mundo" para a capital da República da Bósnia. Hoje são esqueletos destruídos, cercados de cacos de vidro por todos os lados. Quando uma bomba de grande calibre estoura perto deles, os cacos voam longe com o deslocamento do ar provocado pela explosão. Os dois prédios parecem predizer um mau agouro que em parte até mesmo chegou a se realizar: imagine se os sentimentos de ódio que destroem Sarajevo, e a Bósnia, pudessem tomar também a América. Os fanáticos autores do atentado ao World Trade Center, o verdadeiro, o nova-iorquino, em 26 de fevereiro de 1993, certamente não pensavam nas miniaturas de Sarajevo quando chegaram tão perto de realizar a profecia.

Uma outra imagem me foi despertada pela visão daqueles prédios. Como se o sentido do "túnel do tempo" fosse subitamente invertido e me projetasse para o futuro. Eu me senti como a personagem que numa cena de um filme da série *Planeta dos macacos,* décadas atrás, descobre de repente numa região deserta a ruína da Estátua da Liberdade e se abriga nos restos de uma estação de metrô do que um dia fora Nova York. Ela percebe estar em algum momento do futuro, numa Terra destruída pela guerra nuclear. E agora dominada por macacos, primatas "irracionais" que se impõem ao *Homo sapiens* que não soube usar a tecnologia para o desenvolvimento e a paz, mas só para a destruição.

Quando o Muro de Berlim caiu em 1989 sob os movimentos anticomunistas das populações da Europa do Leste, o racionalismo moderno procurou vender ao mundo a ideia de que o futuro seria melhor porque o mundo estava livre do conflito "principal" (capitalismo × comunismo). Agora, diziam, com o fim da Guerra Fria, da corrida por mais armas, os países que deixavam de ser comunistas poderiam investir no desenvolvimento. Os países capitalistas também, e o destino do mundo seria certamente mais pacífico.

Ao contrário, desde o fim de 1989, a Europa do Leste só ficou mais e mais tensa, as guerras passaram a pulular sem perspectiva de fim. Porque a queda das ditaduras comunistas tirou a camisa de força da maior ameaça ao equilíbrio internacional: o nacionalismo, o lado mais sombrio das ideologias dos primatas racionais.

3.

Será que um dia o mundo todo vai ser tomado pela violência nacionalista que hoje destrói a ex-Iugoslávia e outros países da Europa do Leste, da África e do Oriente Médio? Essa é a pergunta que quase todo o mundo se faz. E o pior é que cada vez mais nem só os loucos veem nos fatos prenúncios do apocalipse. Outra sombra escura é o fato de ali se encontrarem mais e mais forças militares estrangeiras sob a alegação de estar a serviço da ONU, mas na verdade divididas por antigas fidelidades a algum dos lados em guerra.

Russos apoiam sérvios, que combatem os croatas, que usam o apoio dos alemães para atacar os muçulmanos, que têm apoio político dos turcos, inimigos dos gregos, que por terem a mesma religião ortodoxa são aliados dos sérvios. Um profeta do apocalipse a esta altura só precisará lembrar que esse era exatamente o cenário dos dias que precederam a Primeira Guerra Mundial. E as profecias apocalípticas da época se cumpriam rigorosamente.

Bem, tudo isso é apenas geopolítica — assim como

as guerras, é coisa de adultos que destroem o mundo. Assim sendo, é melhor a gente olhar para o que fazem os jovens. Quem sabe sua mente mais limpa possa nos mostrar caminhos mais retos para o futuro do que os que vemos pela frente.

4.

Em 1914, a atual Bósnia era parte do Império Austro-Húngaro, que não existe mais. Nacionalistas sérvios pregavam a união de todos os eslavos do Sul da Europa (iugoslavos), que estavam divididos em diferentes religiões mas unidos pela mesma língua. Seus militantes praticavam atentados terroristas na tentativa de expulsar os austríacos pela força.

Num desses atentados, em julho daquele ano, foi morto em Sarajevo o príncipe arquiduque Francisco Ferdinando, herdeiro do trono da Áustria.

Uma noite antes de chegar a Sarajevo, o arquiduque dormiu em Ilidza, bairro de periferia da cidade, onde hoje fica o aeroporto — usado só pela ONU para levar comida, um lugar cercado por gente de todas as etnias em guerra (croatas, muçulmanos e sérvios). Ilidza no passado era conhecida por seus banhos medicinais. Hoje é uma fortaleza sérvia, de onde é atacada a capital.

Naquela noite de julho de 1914 o arquiduque tomou seu último banho e a Europa teve sua última noite de calma por um bom tempo. No dia seguinte, um atentado exatamente como previam os apocalípticos matou o herdeiro da Áustria, que então em represália atacou a Sérvia. A Rússia partiu em defesa de seus tradicionais aliados. Temendo a hegemonia russa em área que considerava de sua influência, a Turquia ataca os russos, que recebem o apoio da França e da Inglaterra, enquanto os alemães se aliam aos austríacos. Como peças de um dominó que vão caindo umas atrás das outras, os fatos se desenrolaram com uma facilidade incrível em direção à Primeira Guerra Mundial, que durou quatro anos e se espalhou por outros continentes.

5.

A atual guerra civil na Bósnia teve início em abril de 1992 e é consequência dos mesmos problemas que já assolavam a região no início do século: conflitos entre povos que vivem no mesmo território mas buscam autodeterminação. A Iugoslávia foi criada depois da Primeira Guerra Mundial como um país independente que juntava três povos eslavos (sérvios, croatas e eslovênios). A intenção era pacificar uma região conturbada, dando autonomia a cada um dos três povos e ao mesmo tempo instituindo um poder central que solucionasse as disputas.

Ao final da Segunda Guerra Mundial, ela se tornou uma república comunista, que até se desfazer, em 1991, reprimiu com violência os movimentos nacionalistas de cada grupo étnico (além dos três citados havia também os eslavos muçulmanos da Bósnia, os albaneses, os húngaros e os macedônios).

Entre 1989 e 1990, os movimentos nacionalistas se tornam mais fortes e, em 1991, Eslovênia e Croácia declaram independência, praticamente pondo fim à Iugoslávia. O governo central tenta reprimir a separação mas não consegue.

No início de 1992 é a vez da Bósnia, mas nessa república os problemas são ainda maiores. Ali, os sérvios

(maioria na Iugoslávia) são minoria (30%), mas controlam a maior parte das terras, pois são colonos. Eles são contra a independência, porque têm medo de sofrer perseguições dos dois outros grupos principais (muçulmanos, com 41%, e croatas, com 17%).

Poucos dias antes da eclosão da guerra civil há um plebiscito em que muçulmanos e croatas votam a favor da separação da Iugoslávia. A minoria sérvia boicota a votação. Com a vitória no referendo, o governo liderado pelo muçulmano Alija Izetbegovič declara independência. Militantes radicais sérvios iniciam atos de terrorismo, e em poucos dias começa a guerra, como o livro vai narrar.

Em meados de abril a capital Sarajevo já está cercada por forças sérvias, que usam armas e munição do Exército Nacional da Iugoslávia (dominado pelos sérvios).

6.

Há uma semelhança extrema entre os líderes das potências mundiais — de hoje e de antes da Primeira e da Segunda Guerras Mundiais — e uma menina como Zlata. Todos assistem absolutamente ingênuos ou incrédulos à escalada dos fatos. É incrível que, tão poucas semanas antes da explosão do mais violento conflito na Europa desde o final da Segunda Guerra Mundial, tanto os líderes quanto uma inocente *teenager* de Sarajevo fizessem avaliações tão errôneas sobre o futuro sombrio que se aproximava com rapidez.

Em 4 de abril de 1992, um dia antes dos primeiros atritos mais violentos, Zlata anotou em seu diário: "Não há muita gente na rua. Com certeza por causa do medo, com as histórias de bombardeio. Sarajevo não foi bombardeada. Parece que mamãe tem razão quando diz que é tudo desinformação. Obrigada, meu Deus".

Nos dias anteriores, seus pais a haviam impedido de assistir ao noticiário sobre os conflitos no interior da Bósnia, mas no dia seguinte já não era possível esconder os fatos: "Estou tentando me concentrar nos deveres (um livro para ler), mas simplesmente não consigo. Alguma coisa está acontecendo na cidade. Ouvem-se tiros nas colinas. [...] Mimmy, estou com medo da GUERRA!".

De fato, Zlata assistia à chegada da guerra que poucos meses antes ela vira, pela tevê, acontecer na vizinha República da Croácia. A partir desse dia, o inferno não deixou mais a cidade.

7.

Entre os prédios ao lado do Holiday Inn há uma pequena quadra de basquete que as carcaças dos dois prédios sósias dos americanos protegem, como um escudo, da mira dos atiradores alojados no alto das montanhas que sitiam Sarajevo. Da janela do meu quarto eu podia ver a maior parte daquele campo onde as disputas são resolvidas por meio de um outro código: a bola. A quadra é um termômetro de como a população local avalia a intensidade dos ataques sérvios. Na manhã seguinte à minha chegada, dois times de crianças que aparentavam ter entre nove e treze anos jogavam alegremente ao som das bombas e dos tiros de metralhadoras e fuzis. Ou seja: o ataque era considerado leve. No mesmo dia, horas depois, a quadra estava vazia, e o som de fundo já estava mais frenético. No início da noite, subi ao último andar do hotel e fiquei observando a chuva de bombas. Cada uma delas chega com seu rastro vermelho ou seu assobio e explode como uma fagulha no chão, quebrando tudo ao redor.

Lendo *O diário de Zlata*, fiquei pensando que entre as crianças que jogavam basquete podia estar uma menina como ela (não ela mesma, que evitava sair de casa) ou uma das que são citadas em seu diário. E o absurdo da guerra parece, não sei por que, ainda maior.

A capacidade de adaptação das crianças à realidade da guerra é ao mesmo tempo admirável e chocante. Provoca simultaneamente risos e lágrimas ver meninos e meninas com expressões que só podem ser entendidas como resignação e aposta no futuro — enquanto o espectador adulto se consome de pavor, pânico, excitação, admiração ou outros sentimentos cheios de adrenalina. Ao primeiro sinal de calma, as crianças retornam a seu ambiente lúdico, física ou psicologicamente. Seja ele a quadra de basquete, o convívio com os amigos, a alegria de uma careta etc. Rápido o sorriso se instala em seus rostos infantis ou adolescentes como para lembrar-nos de que o *Homo sapiens* tem a característica peculiar em relação aos outros mamíferos de adaptar-se às mais inóspitas situações de vida. Mesmo às guerras.

Exemplo claro dessa adaptação é a história de outra jovem vítima de guerra: a judia Anne Frank, uma garota holandesa que durante a Segunda Guerra Mundial viveu anos com a família no esconderijo da casa de um amigo, até ser presa e morta pelos nazistas. Como Zlata, ela escreveu um diário — e por isso a menina iugoslava é chamada de "Anne Frank de Sarajevo".

Zlata se adapta às condições da guerra. No Natal de 1992, ela passeia pela cidade e vê pela primeira vez alguns antigos pontos de referência, agora destruídos. Ela descreve a jornada como uma criança de outro país falaria de um domingo no parque. Qual é o segredo de seu ânimo inesgotável? É o mistério que o leitor deve perseguir. Não só ao longo do livro ou enquanto durar a guerra da Bósnia, mas como a possível chave para uma vida mais feliz.

Leão Serva

A FAMÍLIA E OS AMIGOS DE ZLATA FILIPOVIĆ

A FAMÍLIA

MALIK: o pai
ALICA: a mãe
MELICA: a irmã do pai
BRACO e SEKA: Braco é o irmão da mãe; é casado com Seka e pai de Mikica e Dačo

OS AMIGOS DE ZLATA E DE SEUS PAIS

KEMO E ALMA: vizinhos; pais de Haris e Nejra. Parentes dos vizinhos Emina e Samra
FAMÍLIA BOBAR: vizinhos próximos e amigos da família; vovó Mira, tia Boda e tio Žika; Maja e Bojana, suas filhas
EMINA E SAMRA: vizinhas e amigas; parentes de Kemo e Alma
IRENA: professora da escola de verão
IVANKA: amiga do trabalho da mãe
BRACO E KEKA LAJTNER: marido e mulher; pais de Martina e Matej
MIRNA: melhor amiga de Zlata
MIŠA: mãe de Mirna
MLADJO: irmão de Srdjan
NEDA: melhor amiga do trabalho da mãe
NEDO: refugiado de vinte e sete anos, amigo e vizinho
RADMILA: amiga do trabalho da mãe
SLOBO E DODA: marido e mulher; amigos da mãe de Zlata; pais de Dejan
SRDJAN e BOKIKA: marido e mulher; amigos dos pais de Zlata; pais de Andrej e Vanja

Para ler as palavras em servo-croata:

c	= ts	h	= kh
ć	= tch (suave)	j	= i
č	= tch (duro)	s	= ss
e	= ê	š	= ch
ge	= gue	ž	= j
gi	= gui		

O diário de
Zlata

Segunda-feira, 2 de setembro de 1991

Atrás de mim, um longo e quente verão, dias de férias sem pensar em nada; e diante de mim, um novo ano escolar. Vou para a sexta série. Estou impaciente para rever minhas colegas, reencontrá-las na escola e fora da escola. Algumas não vejo desde que o sinal tocou no fim do ano. Estou contente, a gente vai poder falar outra vez da escola e dividir nossas pequenas desgraças e grandes alegrias. Mirna, Bojana, Marijana, Ivana, Maša, Azra, Mirela, Nadža — estamos de novo todas juntas.

Terça-feira, 10 de setembro de 1991

Passei a semana comprando livros novos, cadernos e materiais, falando de nossas férias no mar, na montanha, no campo, no exterior. Todas nós fomos a algum lugar e temos coisas para contar umas para as outras.

Quinta-feira, 19 de setembro de 1991

As aulas de música também recomeçaram. Duas vezes por semana, aula de piano e solfejo. Continuo com as aulas de tênis, agora estou no grupo das grandes. Na quarta-feira, aula de inglês em casa da tia Mika. E na quinta, coral. Tudo isso é obrigatório. São seis horas de aula por dia, menos na sexta-feira. Mas eu aguento a parada...

Segunda-feira, 23 de setembro de 1991

Não sei mais se falei da tecnologia. É uma matéria nova que a gente começa a ter na sexta série. A professora é Jasmina Turajlić. GOSTEI DELA. A gente aprende sobre a madeira, sua estrutura, sua utilização, bem legal. Logo vamos ter trabalhos práticos, ou seja, a gente vai construir pequenos objetos de madeira e de outros materiais. Vai ser interessante.

As provas de história, geografia e biologia já estão marcadas. Mãos à obra!

Sexta-feira, 27 de setembro de 1991

Voltei da escola um pouco cansada. Uma semana difícil. Amanhã é sábado e vou poder dormir o quanto quiser. VIVA O SÁBADO! Amanhã à noite, em compensação, tenho um compromisso. É que amanhã é o aniversário da Ivana Varunek. Recebi o convite hoje. Para saber como foi, continua no próximo número...

Domingo, 29 de setembro de 1991

São 11h00. O aniversário da Ivana na verdade é hoje, mas ela festejou ontem. Foi demais. Comemos pequenos croissants, batatas chips, sanduíches e o mais importante

— o bolo. Não tinha só meninas: meninos também foram convidados. A gente fez um concurso de dança e eu ganhei. Como prêmio, me deram uma pequena "caixa de joias". Ou seja, um aniversário legal.

Domingo, 6 de outubro de 1991

Eu assisto o *TOP 20* americano na MTV. Impossível lembrar quem está em que posição.

Estou me sentindo superbem porque comi uma PIZZA Quatro Estações com presunto, queijo, catchup e champignons. Estava suculenta. Papai comprou a pizza no Galija (é a pizzaria do bairro). Com certeza é por isso que não memorizei nada da classificação, estava ocupada demais comendo minha pizza.

Sei todas as minhas lições e amanhã posso ir à escola COM O PÉ NAS COSTAS, sem perigo de tirar nota ruim. Aliás, mereço notas boas pois passei todo o fim de semana revendo a matéria. Nem desci para o parque para brincar com minhas amigas. Ultimamente o tempo está bonito e a gente quase sempre fica jogando queimada, conversando e passeando. Ou seja, a gente se diverte.

Sexta-feira, 11 de outubro de 1991

Um dia cansativo mas bem-sucedido. Prova de matemática: 5/5. Dever escrito de servo-croata: 5/5. Prova oral de biologia: 5/5. Estou cansada mas feliz.

Um novo fim de semana pela frente. Vamos a Crnotina (é nossa propriedade, fica a uns dez quilômetros de distância: um grande pomar com uma casa de 150 anos de idade — a casa é tombada, está sob a proteção do Estado; papai e mamãe mandaram restaurar). Vovô e vovó ainda estão lá. Estou morrendo de vontade de encontrá--los, também Vildana e Ati (esse é o cachorro). Sinto falta de ar puro e da natureza. Ah, como eu vou dormir bem com tudo isso!!!

Domingo, 13 de outubro de 1991

Foi ótimo lá em Crnotina. Acho nossa casa (realmente ela é fora de série) e toda a natureza ao redor cada vez mais bonitas. A gente colheu pera, maçã, nozes, desenhamos um pequeno esquilo roubando nozes sorrateiramente, de noite fizemos grelhados. Sou especialista em ćevapčići [bolinhos de carne grelhada]. Vovó nos fez um strudel de maçã. Colhi folhas de todos os tipos para nosso herbário e brinquei com Ati.

O outono já chegou com tudo. Devagar mas decidido, ele colore a natureza com seu pincel. As folhas amarelam, avermelham, caem. Os dias são mais curtos, faz mais frio. Que bela estação é o outono! Na verdade todas as estações têm seus encantos, só que na cidade eu não me dou conta disso. Só desfruto a natureza e sua beleza em Crnotina. Lá a natureza tem cheiro bom, me acaricia, me chama para me embalar em seus braços. Descansei bastante em sua companhia, desfrutando suas belezas.

Sábado, 19 de outubro de 1991

Um dia infecto, ontem. A gente estava se preparando para subir a Jahorina (a montanha mais linda do mundo) e passar o final de semana. Quando cheguei da escola, encontrei mamãe chorando e papai de uniforme. Me deu um nó na garganta quando papai anunciou que tinha que ir reunir-se a sua unidade de reserva da polícia porque havia sido chamado. Me abracei a ele chorando e supliquei para ele não ir, para ficar conosco. Papai disse que era obrigado a ir. Aí ele partiu e ficamos nós duas, mamãe e eu. Mamãe, que não parava de chorar, telefonou aos amigos e à família. Todos eles vieram imediatamente (Slobo, Doda, Keka, Braco — o irmão de mamãe —, tia Melica e não sei mais quem). Todos vieram para nos consolar e oferecer ajuda. Keka me levou para a casa dela para passar a noite com Martina e Matej. Quando acordei esta manhã, Keka me disse que tudo estava bem e que papai ia voltar dentro de dois dias.

Voltei para casa, tia Melica está conosco, parece que tudo vai se ajeitar. Papai deve voltar depois de amanhã. Obrigada, meu Deus!

Terça-feira, 22 de outubro de 1991

Parece que tudo está se ajeitando. Papai voltou ontem, dia do seu aniversário. Depois de amanhã ele vai ter que partir outra vez, vai ter que partir de dois em dois dias. Dez horas de guarda. Vou ter que me acostumar. Mas com certeza vai ser por pouco tempo. O que isso significa, eu não sei. Alguns reservistas de Montenegro chegaram à Herzegóvina. Por que e para fazer o quê? Tudo isso é política e de política eu não entendo nada. Será que depois de passar pela Eslovênia e pela Croácia, os ventos da guerra vão soprar na Bósnia-Herzegóvina?... Não, não é possível.

··· *23* ···

Quarta-feira, 23 de outubro de 1991

Em Dubrovnik é guerra de verdade. Bombardeios terríveis. As pessoas estão em abrigos, sem água, sem eletricidade, o telefone está cortado. Na televisão aparecem cenas terríveis. Papai e mamãe estão muito preocupados, não é possível que deixem destruir uma cidade tão fantástica. Eles têm uma ligação toda especial com Dubrovnik. Foi lá, no Palácio do Governo, que eles assinaram com uma pena de ganso o "SIM" à futura vida em comum. Mamãe fica dizendo que Dubrovnik é a cidade mais bonita do mundo e que não pode ser destruída!

Estamos preocupados com o padrinho Srdjan (ele trabalha e mora em Dubrovnik, mas tem toda a família em Sarajevo) e também com os pais dele. Como eles fazem para aguentar tudo o que está acontecendo? Será que ainda estão vivos? A gente tenta falar com eles pelos radioamadores mas não consegue. Bokica (a mulher de Srdjan) está desesperada. Tudo o que a gente faz para descobrir alguma coisa dá em nada. Dubrovnik está cortada do mundo.

Quarta-feira, 30 de outubro de 1991

Uma boa notícia. Minha professora de piano me disse que em breve vai haver um pequeno concerto na escola e que vou tocar!!! Vou precisar ensaiar. Vou tocar as "Seis variações sobre um canto eslovaco", de Kabalevski. Peças pequenas, mas difíceis. Mas não faz mal, vou me esforçar.

Na escola, nada de novo. O fim do trimestre está chegando e é um dever atrás do outro. Os dias estão encolhendo, o frio aumentou. Isso significa que em breve vai nevar!!! IUPII! Subir a Jahorina, esqui, teleférico, telesqui!!! OBA!!! Me entusiasmei um pouco cedo, já estamos com assinaturas para fazer esqui durante toda a estação, agora vou ser obrigada a ter paciência.

Terça-feira, 5 de novembro de 1991

Estou voltando do coral. Estou até sem voz. Puxa, mas que novidade! Nosso regente nos anunciou que em breve vamos dar um concerto. Vamos interpretar "Nabucco", a "Ave Maria", "Kad ja podjoh na Bentbaša", "Tebe pojen" e o "Hino à alegria". Cantos maravilhosos.

Sexta-feira, 8 de novembro de 1991

Vou arrumar minhas coisas e você junto, meu Diário, vou levar você. Vou passar todo o final de semana na casa de Martina e Matej (M&M). É demais!!! Mamãe deixou. Amontoei tudo na mochila: meus livros da escola, meu pijama, minha escova de dentes, toda a tralha. Só o tempo de eu botar você na mochila e lá vou eu. TCHAU!!!

Domingo, 10 de novembro de 1991

São 16h30 e acabo de voltar da casa de M&M. Foi muito legal. A gente foi jogar tênis, a gente assistiu MTV, RTL e SKY... a gente saiu, passeou — a gente se divertiu bastante! Levei você para todo lado, meu querido Diário, mas não escrevi nada. Você não está bravo, está?

Estou com os deveres feitos. Vou tomar banho, assistir tevê e depois vou me deitar. Um fim de semana como os outros — fantástico.

Terça-feira, 12 de novembro de 1991

Em Dubrovnik a coisa vai de mal a pior. Conseguimos saber pelos radioamadores que Srdjan está vivo e que está bem, os pais dele também. O que se vê pela televisão é horroroso. As pessoas estão passando fome. Procuramos descobrir um jeito de mandar provisões para Srdjan. Com certeza vai ser possível pela Caritas.* Papai continua seu serviço na reserva, volta para casa cansado. Quando isso tudo vai acabar? Segundo papai, talvez na semana que vem. Obrigada, meu Deus.

Quinta-feira, 14 de novembro de 1991

Papai acabou seu serviço na reserva. Iupii!!! Vamos poder passar os fins de semana na Jahorina e em Crnotina. Menos vezes, porque ultimamente há problemas de gasolina. É muito comum papai ter que ficar horas na fila, às vezes ele tem que ir até as cidades próximas para arranjar gasolina, mas com frequência ele volta de mãos vazias.

Nós e Bokica mandamos uma caixa para Srdjan. Pelos contatos que mantivemos pelo rádio, ficamos sabendo que eles estão sem nada para comer. E sem água. Srdjan trocou uma garrafa de uísque por cinco litros de água. As palavras "ovo", "maçã", "batata" são agora substantivos abstratos para os habitantes de Dubrovnik.

(*) Associação católica internacional que serve a 152 países, com serviços de assistência social, médica etc.

Guerra na Croácia, guerra em Dubrovnik, reservistas na Herzegóvina. Papai e mamãe passam o tempo todo assistindo o noticiário pela tevê. Estão preocupados. Muitas vezes mamãe chora vendo as imagens terríveis que aparecem. Eles e os amigos discutem principalmente política. O que é política? Não faço a menor ideia. E depois, isso é uma coisa que não me interessa tanto. Acabei de assistir *Midnight caller*.

Quarta-feira, 20 de novembro de 1991

Estou voltando da escola de música. Já fiz meu pequeno recital. Acho que toquei bem, tenho me esforçado. Só toquei duas notas erradas, mas talvez ninguém tenha percebido. Matej estava na plateia. Estou cansada por causa da tensão nervosa.

Quarta-feira, 27 de novembro de 1991

O dia 29 de novembro está se aproximando. Feriado, dia da República. Papai e mamãe vão fazer compras e tudo indica que vamos subir a Jahorina, vamos para a casa de Jaca (madrinha Jasna), IUPII!!! Tomara que chegue logo. Lá em cima vai ser como sempre — superlegal, inesquecível.

Sexta-feira, 29 de novembro de 1991

Estamos na Jahorina. Jaca esquentou a casa, tem fogo na lareira. Zoka (o marido da madrinha Jasna) está preparando iguarias, como de hábito, e papai está discutindo política com Boža (nosso amigo e colega de papai).

Mamãe e Jasna estão entrando na conversa e nós, as crianças — Branko, Svjetlana, Nenad, Mirela, Anela, Oga e eu —, estamos pensando no que vamos fazer: passear, brincar, ver um filme na televisão ou começar a inevitável partida de palavras cruzadas. Desta vez vamos jogar. Sempre que jogamos, acabamos fazendo brincadeiras e jogos de palavras que só nós entendemos. O tempo está frio mas ótimo. Como estou feliz, como estou me sentindo bem! As coisas boas que nos dão para beber e comer na Jahorina, esse ambiente entre nós! E à noite, o momento mais agradável: Oga e eu vamos nos deitar antes de todo mundo e antes de dormir passamos muito muito tempo conversando. A gente fala, faz planos, conta coisas uma à outra. Esta noite a gente conversou sobre a MTV e os novos clipes.

Segunda-feira, 2 de dezembro de 1991

Amanhã é o dia do meu aniversário. Mamãe está preparando biscoitos, bolo e tudo o mais, pois na nossa casa é sempre uma grande festa. No próprio dia do aniversário, 3 de dezembro, recebo minhas amigas, e no dia seguinte a família e os amigos. Eu e mamãe estamos preparando um bingo e charadas para as crianças. Amanhã vamos pôr a mesa com copos, pratos de sobremesa e guardanapos com pequenas maçãs vermelhas. É muito bonitinho. Mamãe comprou tudo em Pula. O bolo vai ser em forma de borboleta e... vai ter onze velas para eu soprar! Vou aspirar fundo para conseguir apagar todas de uma vez só.

Terça-feira, 3 de dezembro de 1991

Hoje é o grande dia: é meu aniversário. Feliz aniversário, Zlata!!! Infelizmente, estou doente. Estou com sinusite e pus na garganta. Na verdade não estou me sentindo mal, mas mesmo assim sou obrigada a tomar antibiótico — Penbritina — e pôr gotas desagradáveis no nariz. Gotas que ardem horrivelmente. Precisava acontecer justo no dia do meu aniversário? Meu Deus, meu Deus, é realmente muita falta de sorte! (Vamos, não seja tão pessimista, nem tudo está tão negro!)

Bom, tudo bem, vou sarar e a gente festeja mais tarde — com minhas amigas, quero dizer, pois os "grandes" (os amigos e a família) vêm de todo jeito me dar parabéns hoje. E eu de camisola! Gostei muito dos presentes que papai e mamãe me deram: um par de esquis Head, fixações Tyrolia novas e bastões novos. Demais! Obrigada, mamãe, obrigada, papai!

Uma parte dos convidados acaba de ir embora e estou um pouco cansada. Vou precisar parar de escrever, não tenho mais ideias nem inspiração. Boa noite.

Quarta-feira, 4 de dezembro de 1991

Estou de cama — com você, meu Diário. Todo um dia pela frente para ficar deitada. Bimbilimbica (minha boneca preferida) está toda entediada em cima da mesa de cabeceira e Panda fica olhando fixamente para ela... Por mim, que continue!

19h45. Ainda estou de cama, ouvindo a barulhada de nossa máquina de lavar. O técnico está aí. Coitada da velhota, ela é "centenária". Eu devia chamá-la de "senhora". O técnico foi embora e estou ouvindo Michael Jackson,

"Man in the mirror". Uma ideia maluca acaba de me passar pela cabeça. Vou tentar me inscrever no fã-clube da Madonna. Sou realmente muito louca!

Quinta-feira, 5 de dezembro de 1991

Acordei bem tarde. Depois Azra, Mirela e Bojana vieram me visitar. Bojana vai festejar o aniversário dela sábado. Que sortuda! MAS POR QUE TENHO QUE ESTAR DOENTE?! Sniff! Sniff!

Sábado, 7 de dezembro de 1991

Fim de semana na cama. Bojana. festejando o aniversário dela e eu sem poder ir. Estou triste. Não consigo mais ler nem ver televisão. Eu-que-ro-sa-rar!

Todas as noites papai e mamãe tentam telefonar para Srdjan, mas é impossível conseguir linha para Dubrovnik. É realmente guerra por lá. Vi pela televisão imagens de Dubrovnik. Uma coisa terrível. Estamos preocupados com Srdjan e a família dele. Mamãe conseguiu (porque ficou insistindo) completar a ligação às onze da noite. Ele está passando fome e sede, está passando frio, estão sem luz, sem água, não têm nada para comer. Ele está triste. Mamãe chorou. Mas o que está acontecendo, e por quê? Meu Deus, será possível que Dubrovnik esteja em guerra? A cidade cai em ruínas, as pessoas morrem. É a triste verdade, infelizmente. Cuide-se bem, Srdjan, estou torcendo por você. Um dia desses a gente manda outra caixa pela Caritas.

Segunda-feira vou ver tia Mira (a doutora) para saber como estão as coisas. Tchau!

Segunda-feira, 9 de dezembro de 1991

Passei na consulta. Tia Mira disse que eu podia voltar para a escola amanhã. Demaaaais! Me compraram uma calça cinza nova na Kika (loja de roupas infantis). Gostei da calça. Oh! Está na hora de *Murphy Brown* na televisão. Tenho que assistir! Tchau!...

Quarta-feira, 11 de dezembro de 1991

Voltei à escola. Estamos aprendendo um monte de coisas, logo logo vamos chegar ao fim do trimestre. Amanhã, prova de matemática. Preciso estudar. Hoje tirei 5/5 em história. Sábado festejo (atrasada) meus onze anos.

Sábado, 14 de dezembro de 1991

Hoje, onze dias depois, festejei meus onze anos com minhas amigas. Parecia o dia verdadeiro. Tinha o bingo, as charadas, o bolo em forma de borboleta. Soprei todas as velas de uma só vez. Nos divertimos bastante. Foi essa doença que me impediu de festejar no dia 3 de dezembro, mas hoje estava bom também. Aí vai, pela última vez: Feliz Aniversário, Zlata, e no futuro trate de não ficar doente nesse dia. Ah sim, já ia esquecendo: ganhei umas gracinhas de bibelôs, a maioria da Mélanie (uma loja onde vendem pequenos presentes maravilhosos para esse tipo de ocasião). Os bibelôs combinam maravilhosamente bem com todas as outras coisinhas que tenho no meu quarto.

Quinta-feira, 19 de dezembro de 1991

Em Sarajevo (a gente viu na tevê) começou a ação "Ajuda da Cidade de Sarajevo às Crianças de Dubrovnik". Dentro da caixa para Srdjan pusemos um pacotinho bem bonito para o Natal de uma criança desconhecida de Dubrovnik: balas, chocolate, uma bonequinha, livros, lápis, cadernos — tudo o que pudemos achar, porque queríamos mimar uma criança inocente que a guerra impediu de ir à escola, de brincar, de comer o que gosta e de ser feliz por ser criança. O pacotinho é bonito, em cores vivas. Espero que a criança que receber o pacote fique contente. Nós todos desejamos. Escrevi um cartãozinho para dizer que espero que a guerra em Dubrovnik acabe logo.

Quinta-feira, 26 de dezembro de 1991

17h45. Faz tempo que não converso com você, meu Diário. Então aqui vai, eu conto tudo na ordem: tirei 4/5 no exame de piano. Em solfejo tirei 5, em instrumento também tirei 5, recebi felicitações por isso. Mirna foi tão bem quanto eu. Escrevi para o programa *Sa-3-ci-ci* e me mandaram um ingresso para as *Tartarugas Ninja*.

Ontem foi Natal. Fomos à casa de M&M (Martina e Matej). Estava o máximo. Uma grande árvore de Natal, presentes e a inevitável ceia. Bokica e Andrej também estavam lá. E, surpresa: Srdjan nos telefonou de Dubrovnik.

··· 32 ···

*1981.
Zlata com um ano de idade.*

1985. Perto de Sarajevo, as pistas olímpicas da Jahorina, "a montanha mais linda do mundo", segundo Zlata.

Zlata comemora seu quinto aniversário.

Todo mundo estava feliz e ao mesmo tempo triste. Estávamos no quentinho, com enfeites e presentes de Natal por todo lado e um monte de coisas deliciosas para comer e beber. E ele, como todo mundo em Dubrovnik, estava mergulhado... na guerra. Essa guerra, Srdjan, ela vai acabar e vamos poder nos reunir todos! Aguente firme, Srdjan! Estou torcendo por você, muito forte, e também por todas as pessoas e todas as crianças de Dubrovnik.

Logo vai chegar o Ano-Novo. O ambiente, poucos dias antes dessa grande festa, não está me parecendo o mesmo de costume. Papai e mamãe, assim como nossos amigos e as pessoas de nossa família, não estão com a intenção de festejar condignamente a ocasião. Quase não se fala no assunto. Por causa da guerra em Dubrovnik? Ou será que eles estão com medo de alguma coisa? Não sei de nada, não entendo nada. Mamãe disse que amanhã vamos enfeitar o pinheirinho.

Hoje era o último dia de aula na escola de música. E na escola?! Espero tirar 5 em tudo. YO, BABY, YO!, como diz *The Fresh Prince of Bel Air*. É uma das minhas séries preferidas tarde da noite. UAU! Falei demais! Puxa, olhe como escrevi! UAU!

Mais isso: amanhã a gente vai ao cinema com a escola. Ver *Caninos brancos*. É um livro fantástico de Jack London. Espero que o filme esteja à altura. Tchau!!!

Segunda-feira, 30 de dezembro de 1991

Enfeitamos a árvore. Fui fazer as compras com mamãe. Compramos presentes para a família e os amigos. Fizemos belos pacotes, escrevemos um cartão de felicidades para cada um e eu arrumei os presentes debaixo da árvore. Está um tempo muito bonito. Mamãe está preparando umas coisinhas: põe no forno, amassa... vai ter de tudo. Mas tenho a impressão de que vamos passar este Ano-Novo sozinhos, *at home*.

Quarta-feira, 1º de janeiro de 1992

Pronto, já foi: passei o réveillon AT HOME WITH MY MOMMY AND DADDY. Não estava ruim, só um pouco estranho. Bom e feliz ano!

Ficamos só entre nós e certamente é por isso que hoje a casa estava cheia de convidados. Recebemos visita, os "pequenos" (meus amigos), os "grandes" (os amigos de papai e mamãe) e também a família. No final das contas foi divertido.

Sábado, 4 de janeiro de 1992

Ontem subimos a Jahorina. É realmente muito legal lá em cima. A gente andou de trenó no escuro, fez um monte de besteira, jogou Yatzee. Foi muito legal! Não dormimos na Jahorina, mas tudo bem. Ontem à noite passou na televisão *As bruxas de Eastwick*, com Cher, Michelle Pfeiffer, Jack Nicholson e mais outra cujo nome começa com S... S, s, s... não, esqueci. Mais uma coisa: Jaca me deu de Ano-Novo um gorro e luvas com pompons. Que gracinha que são! Tá bom, tchau!

Domingo, 5 de janeiro de 1992

A ida ao cinema foi uma verdadeira catástrofe. Um desastre! Como quando a gente vê o Jordan dos NKOTB [New Kids on the Block]. Primeiro, o filme não era *Caninos brancos*, mas *My brother Aleksa*. Bom, ainda passa, mas alguém começou a jogar bolinhas e cuspir lá de cima. E quem estava em cima, logo na primeira fila? Zlata Filipović, evidentemente. Se tivesse sido outra pessoa, eu teria outro nome. Afinal não é culpa minha se eu estava justamente onde não devia estar!

Segunda-feira, 13 de janeiro de 1992

M&M e Nedo acabaram de sair. UAU... Dia duro! Bom, vou me deitar, são 23h10. Estou lendo *O capitão de quinze anos*, de Júlio Verne.

Nada muda, minha vida nas férias é um círculo vicioso. O tédio, os livros, as amigas, os telefonemas, e começa tudo de novo. Bom, agora preciso realmente ir deitar. BOA NOITE E BONS SONHOS!

Terça-feira, 14 de janeiro de 1992

Bocejando, destampei minha caneta e comecei a escrever, ao mesmo tempo que passa TOP GUN no "Good Vibrations". Agora tem outro programa. Acabei de rabiscar toda a última página de *Bazar*, a revista feminina, enquanto telefonava para mamãe no trabalho dela.

Vou contar um segredo a você. Todas as noites sonho que estou pedindo um autógrafo ao Michael Jackson; ou ele não me dá, ou é sua secretária que me dá um, mas depois vejo as letras desaparecerem porque não foi o Michael Jackson que assinou. É triste, pobre de mim, de MI-IM! Ha! Ha! Ha! Tem que rir. Ha! Ha! Ha!

16h15. Fui à casa de Vanja e Andrej (V&A). Aqui em casa brigaram um pouco comigo porque voltei muito tarde. Mas é verdade também que o Banco Imobiliário é longo. Vanja e Andrej estavam com o banco e eu com todos os cartões vermelhos (os 50 mil). Na verdade, eu estava com 12 milhões. Mais a Praça de Genebra e a Cote d'Azur.

Ah, está na hora do Pernalonga, tenho que ir ver!

19h50. Vou assistir DIAL MTV.
Nº 5: Pet Shop Boys com "Was it worth it?"
Nº 4: Não me lembro
Nº 3: Nirvana
Nº 2: Guns'n' Roses
Nº 1: New Kids on the Block

Quinta-feira, 16 de janeiro de 1992

Levantei muito tarde. Mamãe não está se sentindo bem. Ela não foi trabalhar. Safija (a faxineira) veio hoje. Não aguento mais, quando é que a gente vai voltar para a Jahorina?!

Quinta-feira, 23 de janeiro de 1992

22h55. Estou na cama. Mas não na MINHA cama. Ah, não, é isso mesmo... Tralalalá! Estou na Jahorina! Já faz sete dias. Estou deitada ao lado de Oga. Estou ouvindo o zumbido de uma mosca cansada, o ronco do aquecedor, e converso com Oga. A gente comenta uma com a outra que tem a impressão de sempre ter estado juntas — aqui, nesta cama, neste quarto, na Jahorina.

Faz tempo que não conto nada a você, meu Diário. Foi só chegar que fiquei cheia de coisas para fazer — esqui, trenó no escuro, descidas pela pista de Boza, o homem de neve, os castelos que a gente construiu. Todo mundo está aqui: Oga, Branko, Svjetlana, Nenad, Bojan, Boris, Mirela, Anela e, evidentemente, eu. Simplesmente não tive tempo para você. Mas você vai me desculpar, eu sei. E prometo que vou dar sinal de vida mais regularmente.

Acabo de discutir com Oga para saber qual pista a gente vai fazer amanhã: Ogorjelica I, Ogorjelica II, Šator, a dos teleféricos... Puxa, quantas opções! Tomara que amanhã chegue logo!

I AM HAPPY!

Domingo, 26 de janeiro de 1992

Estou doente. Com dor de garganta. E febre. Estou queimando. Minha temperatura baixou um pouquinho, mas estou com uma tosse horrível.

Tchau!

Terça-feira, 28 de janeiro de 1992

Hoje estou melhor. Com os antibióticos, vai passar. Boris também está doente e Oga está reclamando da garganta. Não contei que foi Svjetlana quem nos trouxe a gripe de Sarajevo. Ela foi ao dentista e lá pegou a gripe. E agora está na Jahorina. Foi a primeira a adoecer. Depois fui eu, depois Boris e agora, talvez, Oga. Essa maldita gripe estragou tudo. Azar.

Domingo, 2 de fevereiro de 1992

Ontem voltamos da Jahorina. Comigo tudo bem, mas agora é mamãe quem está doente. Está com febre, tosse. Papai também está com febre. Eu só tusso. É uma epidemia.

Terça-feira, 4 de fevereiro de 1992

As aulas recomeçaram na escola. E nos outros lugares também... Fui à escola de música. Foi bom.

Ainda não contei que tenho um caderno onde colo fotos de modelos. Tenho fotos da Linda Evangelista, da Claudia Schiffer, da Cindy Crawford, da Yasmine Le Bon.

Sábado, 15 de fevereiro de 1992

Papai ficou bom, mas mamãe continua doente. Ela não consegue ficar boa. Talvez esteja com pneumonia. Não está trabalhando, está de licença para tratamento. Está consultando os médicos.

Eu prossigo com minhas atividades — escola, aulas de música, estudo, toco piano e rogo a Deus para que mamãe fique boa e possamos voltar à Jahorina. Essa maldita gripe estragou tudo.

Quinta-feira, 5 de março de 1992

Meu Deus! A coisa está pegando fogo em Sarajevo. Domingo (1º de março) um pequeno grupo de civis armados (segundo a televisão) matou um convidado num casamento e feriu um padre. Segunda-feira (2 de março) havia barricadas por toda parte na cidade. Mil barricadas! Não encontramos pão. Às 18h00 as pessoas encheram o saco de ficar sem saber e saíram pelas ruas. Saíram em procissão da catedral. Passaram na frente da Assembleia. Deram a volta na cidade. Perto do quartel Marechal Tito houve alguns feridos. As pessoas cantavam e gritavam "Bósnia, Bósnia", "Sarajevo, Sarajevo", "Viveremos juntos" e "Saiam!". Zdravko Grebo* disse no rádio que a história estava sendo escrita.

Lá pelas 20h00 ouvimos tilintar uma sineta de bonde. O primeiro bonde a atravessar a cidade. Trazia de volta a vida e as pessoas todas saíram à rua com a esperança de que esse tipo de coisa nunca mais aconteça. Nós também participamos dessa marcha pacífica. Quando voltamos para casa, dormimos com o espírito tranquilo. O dia seguinte foi como de costume. A escola, a música... Mas à noite soubemos que três mil *tchetniks* [nacionalistas sérvios] haviam chegado de Pale** para atacar Sarajevo e, em primeiro lugar, a Baščaršija [velho bairro turco da cidade]. Tia Melica disse que novas barricadas haviam sido erguidas diante de sua casa e que esta noite eles não dormiriam na casa deles. Foram para a casa do velho Nedjad. Em seguida uma multidão se reuniu na frente da Lutel [rede de televisão iugoslava]. Radovan Karadžič

(*) Professor da faculdade de direito de Sarajevo, diretor da estação de rádio independente ZID.
(**) Cidade não longe de Sarajevo, sob controle sérvio.

e Alija Izetbegovič* tomaram a palavra e brigaram. Aí Goran Milić** ficou bravo e obrigou os dois a encontrarem um certo general Kukanjac.***

Esse Milić é demais! Bravo!!!

Quarta-feira (4 de março) as barricadas foram retiradas e esses "moleques"**** entraram num acordo. Fantástico, não?

Nesse mesmo dia a professora de desenho tinha trazido uma pintura para a gente oferecer à mestra de classe (por ocasião do dia 8 de março).***** Entregamos a pintura mas ela pediu para voltarmos para casa. Problemas outra vez. Todo mundo entrou em pânico. As meninas começaram a berrar enquanto os meninos piscavam em silêncio. Papai também voltou mais cedo.

No entanto tudo acabou bem. Quantas emoções!

Sexta-feira, 6 de março de 1992

A vida retoma seu andamento normal.

Terça-feira, 24 de março de 1992

Acabou-se a bagunça em Sarajevo. Mas em outras regiões da Bósnia-Herzegóvina, não: em Bosanski Brod,

(*) Respectivamente, o líder da comunidade dos sérvios da Bósnia-Herzegóvina e o presidente da Bósnia-Herzegóvina, que atua em prol da manutenção de uma Bósnia-Herzegóvina multiétnica.

(**) Célebre jornalista, fundador da rede de televisão Iutel.

(***) Comandante das forças armadas iugoslavas estacionadas na Bósnia-Herzegóvina no começo da guerra.

(****) Apelido que as pessoas dão aos políticos. (Nota de Zlata.)

(*****) Dia Internacional da Mulher, celebrado com destaque nos países do Leste.

Derventa, Modriča. Venham de onde vierem, as notícias e as cenas são terríveis. Papai e mamãe não querem que eu assista o noticiário na televisão, mas não podem esconder da gente, das crianças, todos os horrores que estão acontecendo. Estamos outra vez cercados por inquietude e tristeza. Os Capacetes Azuis — ou mais exatamente os Boinas Azuis — acabam de chegar a Sarajevo. Agora estamos mais tranquilos. Os "moleques" se retiraram do primeiro plano.

Papai me levou de carro até o quartel-general das forças da ONU. Ele me disse que agora que a bandeira azul flutua sobre Sarajevo a gente pode sentir esperança.

Segunda-feira, 30 de março de 1992

Olhe só, meu Diário, sabe o que eu pensei? Anne Frank bem que batizou o Diário dela de Kitty; por que eu não daria um nome a você? Vejamos...

> Asfaltina
> Šefika
> Ševala
> Pidžameta
> Hikmeta
> Mimmy*

ou então algum outro?...

(*) Com exceção de Mimmy, nome de um peixinho dourado que Zlata havia tido, as sugestões têm todas um significado e podem ser traduzidas como: A menina do asfalto (*Asfaltina*), A solteirona (*Šefika*), O grande cavalo (*Ševala*), A menina de pijama (*Pidžameta*); Sabedoria (*Hikmeta*).

Procuro, procuro...
Já escolhi! Você vai se chamar...
MIMMY
Vamos lá.

Dear Mimmy,

Na escola, logo vamos chegar ao fim do trimestre. Todo mundo está se preparando para as provas. Parece que amanhã a gente ia a um concerto em Skenderija. A mestra de classe nos aconselhou a não ir, pois já haveria dez mil pessoas — desculpe, dez mil crianças — e a gente correria o risco de ser apanhado como refém ou ser atingido por bombas (?!). Mamãe não deixou. Quer dizer que não vou.

Oh, não é possível!... Você sabe quem ganhou o concurso Iugovision? A EXTRA NENA!!!*

Olhe, tenho medo de contar a você o que tia Melica nos contou: no cabeleireiro ela ouviu dizer que no sábado, 4 de abril de 1992, BUM-BUM, PAM-PAM, BANG Sarajevo. Traduzo: vão bombardear Sarajevo.

Amo você,

Zlata.

Sexta-feira, 3 de abril de 1992

Dear Mimmy,

Mamãe está no trabalho. Papai, numa audiência em Zenica. Voltei da escola e estou pensativa. Hoje, Azra parte para a Áustria. Ela está com medo da guerra, UAU!

(*) Cantora folk sérvia.

Mesmo assim, penso no que tia Melica ouviu no cabeleireiro. Que é que vou fazer se Sarajevo for bombardeada? Safija veio hoje e estou ouvindo a Rádio M. Estou me sentindo mais calma.

Mamãe disse que o que tia Melica ouviu comentarem no cabeleireiro é fruto da desinformação. Espero que ela tenha razão!

Papai voltou de Zenica. Está todo perturbado porque diz que é uma coisa assustadora a multidão que ele viu na estação de trens e na estação rodoviária. As pessoas estão fugindo de Sarajevo. Cenas dolorosas. São vítimas da desinformação. As mães partem com os filhos, os pais ficam. Ou então os filhos partem e os pais ficam. Todo mundo chora. Papai disse que teria preferido jamais ter visto isso tudo.

Mimmy, amo você.

Zlata.

Sábado, 4 de abril de 1992

Dear Mimmy,

Hoje é o Bairã [importante feriado muçulmano]. Não há muita gente na rua. Com certeza por causa do medo, com as histórias de bombardeio. Sarajevo não foi bombardeada. Parece que mamãe tem razão quando diz que é tudo desinformação. Obrigada, meu Deus!

Amo você,

Zlata.

Domingo, 5 de abril de 1992

Dear Mimmy,

Estou tentando me concentrar nos deveres (um livro para ler), mas simplesmente não consigo. Alguma coisa está acontecendo na cidade. Ouvem-se tiros nas colinas. Grupos de pessoas chegam de Dobrinja.* Para tentar interromper alguma coisa — o quê, nem eles mesmos sabem. Digamos simplesmente que se sente que alguma coisa vai acontecer, já está acontecendo, uma terrível desgraça. Na televisão, veem-se pessoas na frente da Assembleia Nacional. No rádio toca permanentemente a música "Sarajevo, meu amor". Tudo isso é muito bonito, mas a todo momento sinto uma espécie de cãibra no estômago e não consigo mais me concentrar nos estudos.

Mimmy, estou com medo da GUERRA!

Zlata.

Segunda-feira, 6 de abril de 1992

Dear Mimmy,

Ontem as pessoas amontoadas na frente da Assembleia tentaram pacificamente atravessar o rio Miljćka pela ponte Vrbanja. Atiraram nelas. Quem atirou, como e por quê?! Uma menina, uma estudante de medicina em Dubrovnik, foi MORTA. Seu sangue escorreu pela ponte. No último momento ela disse simplesmente: "Estamos mesmo em Sarajevo, aqui?". É HORRÍVEL, HORRÍVEL, HORRÍVEL!

(*) Bairro novo de Sarajevo, próximo do aeroporto. Cercado pelos sérvios, esse bairro residencial virou um símbolo da resistência em Sarajevo.

AQUI NINGUÉM ESTÁ NORMAL, NADA ESTÁ NORMAL! A Baščaršija está destruída. Os "senhores"* de Bale atiraram na Baščaršija.

Desde ontem, o povo está na Assembleia Nacional. Alguns tiveram que ficar do lado de fora, na frente da Assembleia. Instalamos meu aparelho de televisão na sala; assim, posso ver o Canal 1 num aparelho e "Good Vibrations" no outro. Do Holiday Inn, matam as pessoas que estão na frente da Assembleia. E Bokica que está lá, com Vanja e Andrej! QUE DESGRAÇA!

É possível que a gente tenha que se esconder no porão. Mimmy, pode deixar que eu levo você junto. Estou desesperada. As pessoas que estão na frente da Assembleia também. Mimmy, a guerra começou. PEACE NOW!

Parece que vão atacar a RTV Sarajevo. Ainda não atacaram. Aqui por perto, pararam de atirar (bato na madeira para que não recomece. Bato bem forte. O mais forte possível). Oh, não!... Os tiros recomeçaram!!

Zlata.

Quinta-feira, 9 de abril de 1992

Dear Mimmy,

Não estou indo à escola. Nenhuma escola de Sarajevo está funcionando. O perigo sobrevoa as colinas que nos cercam. Apesar disso, tenho a sensação de que pouco a pouco a calma está voltando. Já não se ouvem as fortes explosões das granadas nem os tiros. Só uma rajada de vez em quando, depois o silêncio volta bem rápido. Pa-

(*) É assim que Zlata se refere aos combatentes sérvios.

pai e mamãe não estão indo trabalhar. Estão comprando uma grande quantidade de comida. Meu Deus, eu lhe suplico, faça com que não aconteça.

A tensão continua grande. Mamãe fica desesperada, papai tenta acalmá-la. Mamãe telefona muito. Ligam para ela ou então é ela que liga. A linha fica o tempo todo ocupada.

Zlata.

Domingo, 12 de abril de 1992

Dear Mimmy,

Está caindo uma chuva de granadas sobre os bairros novos da cidade — Dobrinja, Mojmilo, Vojničko polje. Tudo está destruído ou queimado, os habitantes estão nos abrigos. Aqui no centro da cidade não está acontecendo nada. Tudo está calmo. As pessoas saem para a rua. Hoje fez calor, um belo dia de primavera. Nós também saímos. A rua Vaso Miškin estava cheia de gente, de crianças. Até parecia uma passeata a favor da paz. As pessoas saíram de casa para se encontrar, não querem guerra. Querem viver e se divertir como sempre fizeram. Por acaso isso não é uma coisa normal? Quem pode gostar de guerra, desejar a guerra?

Não há nada mais horrível.

Fico pensando naquela passeata em que eu também entrei. Era maior, mais forte que a guerra. É por isso que as pessoas vão vencer. Elas é que têm que vencer, não a guerra, porque a guerra não tem nada de humano. A guerra é uma coisa estranha ao homem.

Zlata.

Terça-feira, 14 de abril de 1992

Dear Mimmy,

As pessoas estão indo embora de Sarajevo. O aeroporto, a estação ferroviária, a rodoviária, está tudo preto de gente. Vi despedidas desesperadas pela televisão. Famílias, amigos que se separam. Alguns partem, outros ficam. É triste de chorar. Toda essa gente, todas essas crianças — inocentes. Bem cedo hoje de manhã Keka e Braco estiveram aqui em casa. Ficaram cochichando com papai e mamãe na cozinha. Keka e mamãe estavam chorando. Tenho a impressão de que eles estão sem saber o que fazer — ficar ou partir. Nenhuma das duas coisas é uma solução.

Zlata.

Quarta-feira, 15 de abril de 1992

Dear Mimmy,

Um bombardeio terrível no bairro de Mojmilo. De repente Mirna teve que passar quarenta e oito horas seguidas num abrigo. Falei com ela pelo telefone, mas só um pouquinho porque ela teve que descer outra vez para o abrigo. Coitada.

Bojana e Verica partiram para a Inglaterra. Oga vai para a Itália. Mas o pior de tudo é que Martina e Matej já partiram. Para Ohrid.* Keka chora, Braco chora, mamãe também chora. Neste momento ela está falando com alguém pelo telefone e está aos prantos. E os "outros"

(*) Cidade da Macedônia que dá para o lago do mesmo nome.

nas colinas continuam atirando em nós. Fiquei sabendo neste momento que Dejan também foi embora.

Que desgraça!... Por que esta guerra?!!

Zlata, que ama você.

Quinta-feira, 16 de abril de 1992

Dear Mimmy,

Martina, Matej, Dejan — ninguém foi embora. Não faz sentido. Na realidade faz, faz sentido sim. Eles não conseguiram viajar. E depois não, não tem sentido. Aqui todo mundo chorava imaginando que eles tivessem ido embora e eles não foram. Não há ônibus, trens e aviões que chegue, com toda essa gente que quer fugir de Sarajevo.

Zlata, que ama você.

Sábado, 18 de abril de 1992

Dear Mimmy,

Estão bombardeando, as granadas caem. É mesmo a GUERRA. Papai e mamãe estão muito preocupados; ontem à noite eles ficaram acordados até tarde, ficaram conversando muito tempo. Estão tentando descobrir o que fazer, mas está difícil ter bom senso. Será que devemos partir e nos separar, ou ficar aqui todos juntos? Keka quer me levar para Ohrid. Essa dúvida está atormentando mamãe, que não para de chorar, mesmo ela fazendo força para eu não perceber. Mas vejo tudo muito bem. Percebo que a coisa vai mal. A paz chegou ao fim. A guerra entrou de repente em nossa cidade, em nossa

Dnevnik rada

*Cerimônia dos "Pioneiros de Tito".
Zlata tem sete anos.*

*Aos oito anos, frequentadora assídua dos cursos
da escola de música, Zlata canta e toca piano.*

casa, em nossas cabeças, em nossas vidas. É horrível. Tão horrível quanto ver mamãe arrumar minha mala.

Zlata, que ama você.

Segunda-feira, 20 de abril de 1992

Dear Mimmy,

A guerra parece tudo, menos uma brincadeira. Ela destrói, mata, incendeia, separa, traz a infelicidade. Hoje uma chuva de granadas caiu sobre a Baščaršija, o centro antigo de Sarajevo. Explosões aterrorizantes. Descemos para o porão — estava frio, tudo escuro, é deprimente. Será que aquele é mesmo nosso porão? Não tenho tanta certeza. Ficamos nós três, papai, mamãe e eu, encolhidos num canto onde tínhamos a sensação de estar em segurança. No escuro, ao lado de papai e mamãe e no calor dos corpos deles, pensei em ir embora de Sarajevo. (Como todo mundo.) Mas ir embora sozinha, deixar papai e mamãe, vovô e vovó, eu não ia conseguir aguentar. E ir embora só com mamãe também não ia dar certo. O melhor seria irmos embora os três. Mas papai com certeza não poderia. Aí resolvi que íamos ficar juntos. Amanhã vou dizer a Keka que é preciso ter coragem, que é preciso ficar com as pessoas que a gente ama e que nos amam. Não quero sair de perto de papai e mamãe e, por outro lado, deixar papai sozinho aqui também não me agrada.

Sua Zlata.

Terça-feira, 21 de abril de 1992

Dear Mimmy,

Hoje, Sarajevo está um horror. As granadas caem, das grandes, crianças são mortas, disparam de todos os lados. Sem dúvida vamos ter que passar a noite no porão. Mas como a segurança não é total em nosso porão, vamos para o dos Bobar, que são nossos vizinhos. Com vovó Mira, tia Boda, tio Žika (o marido), Maja e Bojana. Quando os combates começam, Žica nos telefona; atravessamos o pátio interno correndo, subimos uma escada, descemos do outro lado em cima de uma mesa, depois entramos a toda pelo vestíbulo do prédio para finalmente chegar à porta do apartamento deles. Até agora a gente atravessava a rua, mas desde que começaram a atirar ficou perigoso. Preparo minha bolsa para descer para o porão: docinhos, suco de fruta, um baralho e também uns bolinhos. Continuam dando tiros de canhão ou de alguma coisa do tipo.

Zlata, que ama você.

Quarta-feira, 22 de abril de 1992

Dear Mimmy,

Passamos toda a noite na casa dos Bobar. Saímos de casa ontem por volta das 21h30 e voltamos esta manhã mais ou menos às 10h00. Dormi das 4h00 às 9h30. Explosões a noite inteira, tudo tremia.

Zlata.

Domingo, 26 de abril de 1992

Dear Mimmy,

A noite seguinte a gente também passou na casa dos Bobar. E no dia seguinte a eletricidade foi cortada. Ficamos sem pão — e mamãe, pela primeira vez na vida, assou um. Ela estava com medo do resultado. Mas saiu pão, e do bom. Esse era o dia em que eu ia viajar para Ohrid com M&M. Eu não fui, nem eles — graças a Deus. Tchau!

Sua Zlata.

Terça-feira, 28 de abril de 1992

Dear Mimmy,

BUÁ!... Martina... BUÁ! e Matej... BUÁ! viajaram ONTEM!... Eles tomaram o ônibus para Krško (na Eslovênia). Keka foi levá-los. Oga também partiu, Dejan também; amanhã ou depois vai ser a vez de Mirna; e logo logo é Marijana.
BUÁ!
Todo mundo está indo embora. Não tenho mais amigos.

Zlata.

Quarta-feira, 29 de abril de 1992

Dear Mimmy,

Se eu pudesse, lhe contava muito mais coisas sobre a guerra, mas prefiro simplesmente não recordar todos esses acontecimentos pavorosos. Fico horrorizada. Por favor, não fique bravo. De todo modo eu escrevo umas coisinhas para você.

Amo você,
Zlata.

Sábado, 2 de maio de 1992

Dear Mimmy,

O dia de hoje em Sarajevo foi pior que os piores dias que já tivemos até agora. Os combates começaram mais ou menos ao meio-dia. Mamãe e eu fomos para o corredor, que é mais protegido. Naquele momento, papai estava em seu escritório, embaixo do nosso apartamento. Dissemos a ele pelo interfone que fosse depressa refugiar-se na entrada do prédio. Depois nós duas descemos para junto dele. Levando Cicko (o canário). Como o bombardeio estava aumentando cada vez mais, não deu para escalarmos o muro e ir à casa dos Bobar, e então fomos rapidinho para nosso porão.

Nosso porão é feio, todo escuro, e tem um cheiro horrível. Mamãe, que tem pavor de ratos, é obrigada a enfrentar duas angústias ao mesmo tempo. Nós três fomos para o mesmo canto da outra vez. Ouvimos as granadas explodindo, tiros, a coisa fervia sobre nossas cabeças. Ouvimos até aviões. Num certo momento, entendi que aquele porão horrível era nossa única chance de salvar a vida. Comecei até a achar que ele era quente e bonito. Só ele pode nos proteger desses combates terríveis. Ouvimos quando os vidros de nossa rua se quebraram. É uma coisa pavorosa. Enfiei os dedos nos ouvidos para abafar aqueles sons que me davam tanto medo. Fiquei preocupada com

Cicko; havíamos deixado a gaiola na entrada. Fiquei com medo de que ele passasse frio, ou de que lhe acontecesse alguma coisa. Eu estava morrendo de fome e sede e nosso almoço lá em cima, na cozinha, quase pronto.

Quando os combates começaram a diminuir, papai foi até em casa subindo os degraus de quatro em quatro para trazer sanduíches. Ele nos disse que tinha sentido cheiro de queimado e que o telefone havia sido cortado. Desceu o televisor para o porão. Foi assim que ficamos sabendo que o correio central (que não é longe de nossa casa) estava em chamas e que o presidente havia sido sequestrado. Lá pelas 20h00, voltamos para casa. Na nossa rua não tinha sobrado praticamente nenhum vidro inteiro nas janelas, mas lá em casa eles não estavam quebrados. Graças a Deus. Vi o correio queimando. Um espetáculo aterrorizante. Os bombeiros faziam o que podiam, o incêndio destruía tudo. Papai tirou algumas fotos do correio desaparecendo nas chamas. Disse que as fotos não iam sair porque mexi em alguma coisa na máquina fotográfica. Estou arrasada. O apartamento está com cheiro de queimado. Meu Deus, e dizer que todos os dias eu passava na frente do correio! Tinham reformado a fachada. Era um edifício gigantesco, e lindo, e agora as chamas estão acabando com tudo. O correio está desaparecendo. Dear Mimmy, quando se vê o que está acontecendo aqui, imagina-se o que deve ser nos outros bairros da cidade. Ouvi pelo rádio que para os lados de Vječna estava uma loucura por causa dos incêndios. Estão com cacos de vidro até os joelhos. Estamos preocupados com vovô e vovó. Eles moram naquela região. Amanhã, se der para sair, vamos lá. Um dia pavoroso. O dia mais negro, mais terrível dos onze anos que já vivi. Espero que não haja outros assim.

Papai e mamãe estão nervosíssimos. Tenho que ir me deitar. Tchau!

Zlata.

Domingo, 3 de maio de 1992

Dear Mimmy,

Papai conseguiu atravessar a ponte sobre o Miljacka a toda a velocidade e ir ver vovô e vovó. Ele foi até lá correndo e voltou completamente sem fôlego e ensopado de suor (o medo e a tristeza). Vovô e vovó estão bem, graças a Deus. A avenida Marechal Tito está com um ar sinistro. Lá caíram montes de granadas, destruindo as vitrines, os carros, as casas, as fachadas, os telhados. Ainda bem que as vítimas foram poucas, pois as pessoas conseguiram se abrigar. Neda (a amiga de mamãe) correu até aqui para ver como íamos e para nos dizer que eles estavam todos sãos e salvos. Mas foi um horror.

Falamos com tia Boda e Bojana de uma janela para outra. Ontem elas estavam na rua quando o tiroteio forte começou. Elas conseguiram se abrigar no porão de Stela.

Zlata.

Terça-feira, 5 de maio de 1992

Dear Mimmy,

A impressão que se tem é que a situação está se acalmando. Eles já causaram muitas desgraças — por quê, não sei dizer. Tudo isso é coisa da política, espero que esses "moleques" acabem se entendendo. É, tomara

··· 54 ···

que eles se entendam para que a gente possa voltar a viver e respirar como todo mundo. O que está acontecendo conosco é horrível. Quero que isso pare, para todo o sempre. PEACE! PEACE!

Eu não lhe contei, Mimmy, mudamos a disposição de nosso apartamento. Meu quarto e o quarto de papai e mamãe são perigosos. Dão para as colinas, e é de lá que estão atirando. Você não pode imaginar o medo que eu sinto quando passo na frente das janelas. Num canto da sala, bem abrigado, instalamos o "quarto". Dormimos no chão, em colchões de ioga. É muito esquisito e feio. Mas é mais seguro. Tiramos tudo do lugar por razões de segurança. Cicko se mudou para a cozinha. Agora ele também está protegido, embora durante os bombardeios ninguém esteja seguro em lugar nenhum, só no porão. Bom, um dia isso tudo acaba e a gente põe de novo o apartamento em ordem. Tchau!

Zlata.

Quinta-feira, 7 de maio de 1992

Dear Mimmy,

Eu tinha quase certeza de que a guerra ia parar, e hoje... Hoje atiraram uma granada ou uma bomba no parque, aqui ao lado de casa. O parque onde eu brincava, onde eu e minhas amigas nos encontrávamos para brincar. Houve uma porção de feridos. Dos que você conhece: Jaca, sua mãe, Selma, Nina, Dado, nosso vizinho, e não sei quanta gente que estava passando por acaso. Dado, Jaca e a mãe já voltaram do hospital. Quanto a Selma, foi preciso tirar um de seus rins e não sei como ela está, pois ainda está no hospital. E NINA MORREU. Um estilhaço de granada se alojou em seu cérebro e ela morreu. Uma menina tão boazinha. Frequentamos a mesma creche, muitas vezes brincamos juntas no parque. Nina, nunca mais vou vê-la — não, isso não é possível. Nina — onze anos —, vítima inocente de uma guerra estúpida. Estou triste. Estou chorando. Não entendo por que ela morreu. Ela não havia feito rigorosamente nada. Uma guerra nojenta matou uma vidinha de criança. Nina, sempre vou lembrar de você como uma menina maravilhosa.

Mimmy, eu amo você.

Zlata.

Quarta-feira, 13 de maio de 1992

Dear Mimmy,

A vida continua. O passado é cruel e justamente por isso é preciso esquecê-lo.

O presente também é cruel e não consigo esquecê-lo. A guerra não brinca. Meu presente, minha realidade é o porão, o medo, as granadas, as chamas.

Anteontem houve um bombardeio terrível. Com medo de sermos atingidos pelos estilhaços ou pelas balas, corremos para a casa dos Bobar. Passamos a noite toda, todo o dia de ontem e toda esta última noite no porão e no apartamento de Nedo (Nedo é refugiado do bairro de Grbavica. Deixou os pais lá e está morando no apartamento da irmã, que partiu). Vimos cenas horríveis na televisão. A cidade está em ruínas, em chamas, as pessoas morrem — adultos e crianças. É incrível.

O telefone está cortado, não sabemos direito como estão vovô e vovó, tia Melica, todas as pessoas dos outros bairros da cidade. Vimos pela televisão o incêndio que está destruindo Vodoprivreda,* a empresa de mamãe, que está situada em território do agressor (em Grbavica). Mamãe chorava. Ela está deprimida. Anos de esforços, de trabalho, tudo virou fumaça. É terrível mesmo. Nas proximidades de Vodoprivreda havia carros pegando fogo, gente morrendo sem que ninguém pudesse socorrer. Meu Deus, por que isso tudo?! ESTOU TÃO ENLOUQUECIDA DE RAIVA QUE TENHO VONTADE DE BERRAR, DE DEMOLIR TUDO!

Sua Zlata.

Quinta-feira, 14 de maio de 1992

Dear Mimmy,

As granadas estão caindo em torno de nós. Papai conseguiu correr até a casa de vovô e vovó para ver como eles andam, como estão enfrentando a loucura destes últimos dias. Estão bem, graças a Deus. Tia Melica e família também, e vovó ficou sabendo por Vika que Neda e Bojan (minha tia e meu primo) também estão bem.

O que está acontecendo nas proximidades da caserna Marechal Tito é terrível. E também nos bairros novos da cidade. Perto do prédio da Elektoprivreda, perto da RTV, parece que você está num hospício. Não aguento mais assistir à televisão. É insuportável. Aparentemente o único local tranquilo é Otes. Braco, o irmão de mamãe, mora lá com a família. Que sorte a deles, lá não estão atirando.

Zlata.

(*) A principal indústria da Bósnia.

Domingo, 17 de maio de 1992

Dear Mimmy,

Agora já não restam dúvidas: não tem mais escola. Por causa da guerra as aulas foram interrompidas, as escolas fecharam, as crianças foram para os porões, em vez de ir para a escola. Vão registrar as notas do último trimestre em nossas cadernetas. Vou receber a minha, vai estar escrito que estou aprovada, passei para a sexta série.

Tchau!

Zlata.

Quarta-feira, 20 de maio de 1992

Dear Mimmy,

O bombardeio diminuiu. Hoje mamãe se encheu de coragem e também atravessou a ponte. Foi até a casa de vovô e vovó. Lá encontrou pessoas que não conhecia e recebeu muitas notícias tristes. Voltou desesperada. O irmão dela foi ferido no dia 14 de maio quando voltava de carro do trabalho. No dia 14 de maio, e ela só ficou sabendo hoje — é terrível. Foi ferido na perna e está no hospital! Como ir até lá? O hospital, hoje, parece estar no fim do mundo. Insistiram com mamãe que o irmão está bem, mas ela não quer acreditar e fica chorando. Se pelo menos parassem de atirar, ela poderia ir até lá. "Só acredito vendo", disse ela.

Zlata.

Quinta-feira, 21 de maio de 1992

Dear Mimmy,

Hoje mamãe foi ver tio Braco. Ele está vivo. É o que importa. Mas está gravemente ferido. No joelho. No mesmo dia em que foi ferido, duzentas outras pessoas foram levadas para a clínica. No começo acharam que ia ser preciso amputar, mas o doutor Adnan Dizdar (que é cirurgião), amigo dele, reconheceu-o; afastou a ideia de amputar e levou-o para a sala de cirurgia. Foram quatro horas e meia de cirurgia e os médicos dizem que a operação foi bem-sucedida. Só que vai ser preciso que ele fique muito, mas muito tempo deitado. Está com pinos, gesso e todos os tipos de aparelhos na perna. Mamãe está muito preocupada, está triste. Vovô e vovó também (é o que diz mamãe, pois não os vejo desde 12 de abril, a última vez que saí de casa). Tio Braco teve sorte em sua desgraça. Espero que dê tudo certo. Aguente firme, tio Braco!!!

Sua Zlata.

Sábado, 23 de maio de 1992

Dear Mimmy,

Nunca mais falei de mim para você. Falo de guerra, de morte, de ferimentos, de granadas, de tristeza e de sofrimento. Quase todos os meus amigos partiram. Mas mesmo que eles estivessem aqui, será que a gente ia conseguir se ver? O telefone não funciona, e não íamos poder nem conversar. Vanja e Andrej também foram embora; para Dubrovnik, para a casa de Srdjan. Lá a guerra acabou. Tanto melhor para eles. Essa guerra em

Dubrovnik me deixava tão infeliz. Nunca, nem em sonhos, eu teria imaginado que ela também chegaria até aqui, que se instalaria em Sarajevo. Verica e Bojana também foram embora.

Passo o tempo todo com Bojana e Maja Bobar. Agora minhas melhores amigas são elas. Bojana é um ano e meio mais velha que eu, já acabou a sétima série e temos muitas coisas em comum. Maja está no último ano da escola. É bem mais velha que eu, mas é fantástica. Ainda bem que tenho essas duas, senão ia ficar totalmente sozinha no meio dos grandes.

No noticiário anunciaram a morte de Silva Rizvanbegović, uma médica do serviço de urgência que também era amiga de mamãe. Ela estava numa ambulância. Transportavam um ferido que precisava ser atendido. Um monte de gente que papai e mamãe conheciam morreu. Meu Deus, o que está acontecendo?

Zlata, que ama você.

Segunda-feira, 25 de maio de 1992

Dear Mimmy,

A Zetra queimou. A vila olímpica. O mundo inteiro conhecia essa maravilha e agora ela desaparece no meio das chamas. Os bombeiros tentaram salvá-la, nosso Žika deu uma mão aos bombeiros. Mas não conseguiram. As forças da guerra ignoram o amor e a vontade de salvar as coisas. Elas destroem, incendeiam, suprimem. Elas quiseram que a Zetra deixasse de existir. Estou triste, Mimmy.

Tenho a impressão de que aqui não vai sobrar nada, nenhuma pessoa viva.

Sua Zlata.

Terça-feira, 26 de maio de 1992

Dear Mimmy,

Penso sem parar em Mirna. No dia 13 de maio foi seu aniversário. Como eu teria gostado de ver Mirna outra vez! Sempre peço a papai e mamãe que me levem à casa dos avós dela, onde ela está morando com o pai e a mãe. A casa deles de Mojmilo foi bombardeada e foi preciso demoli-la.

Estes últimos dias não houve bombardeio, reina a calma. Pedi a papai para me levar à casa de Mirna pois preparei um presentinho de aniversário para ela. Estou muito ansiosa em voltar a vê-la. Sinto saudade dela.

Eu estava tão triste que ele resolveu me levar até lá. Fomos, mas a porta do edifício estava trancada. Não conseguimos que nos ouvissem e voltei para casa decepcionada. O presente vai ter que esperar e eu também. Um dia a gente se encontra outra vez.

Zlata, que ama você.

Quarta-feira, 27 de maio de 1992

Dear Mimmy,

UMA CARNIFICINA! UM MASSACRE! UM HORROR! UMA ABOMINAÇÃO! SANGUE! GRITOS! CHORO! DESESPERO!

Eis a rua Vaso Miškin hoje. Duas granadas caíram na rua Vaso Miškin, outra no mercado. Mamãe estava por perto na hora. Ela foi correndo refugiar-se na casa de vovô e vovó. Papai e eu estávamos ficando quase loucos porque ela não voltava. Vi essas coisas pela televisão e não consigo acreditar que vi mesmo. É inacreditável. Minha garganta estava apertada, meu estômago doía.

O PÂNICO. Estavam transportando os feridos para o hospital. Para um abrigo. Passávamos o tempo todo olhando pela janela na esperança de ver mamãe chegar e nada. Ela não voltava. Comunicaram a lista das vítimas e feridos. Nada sobre mamãe. Papai e eu desesperados. Será que mamãe estava viva? Às 16h00 papai resolveu ir procurar no hospital. Vestiu-se para sair e eu já estava indo para a casa dos Bobar para não ficar sozinha em casa. Olhei uma última vez pela janela e... VI MAMÃE ATRAVESSAR A PONTE CORRENDO! Depois que ela chegou ao apartamento, começou a tremer e caiu no choro. Atrás das lágrimas, disse que tinha visto gente despedaçada. Aí todos os vizinhos chegaram, de tanto que haviam ficado preocupados com ela. Obrigada, meu Deus, mamãe já está conosco. Obrigada, meu Deus.

UM DIA PAVOROSO. IMPOSSÍVEL DE ESQUECER.

QUE HORROR! QUE HORROR!

Sua Zlata.

Quinta-feira, 28 de maio de 1992

Dear Mimmy,

Mais ou menos às 22h00 tudo começou a estourar. Fomos para a casa de Neda. Esperei que Saša adormecesse e saí de seu quarto. Olhei para o lado do banheiro e aí... CLING! O vidro da janelinha do banheiro tinha acabado de quebrar. Eu estava sozinha no corredor e vi tudo. Comecei a chorar, tive uma crise de histeria. Aí descemos para o porão. Quando a calma voltou, subimos de novo para a casa de Neda para passar a noite lá. Hoje os habitantes da rua Vaso Miškin assinaram um grande livro de condolências e acenderam velinhas. A rua foi rebatizada "rua da Resistência Antifascista".

Zlata.

Sexta-feira, 29 de maio de 1992

Dear Mimmy,

Estou na casa de Neda. Consequência do fascismo de ontem: não sobrou um só vidro nas janelas do escritório de papai, na casa dos Bobar também não. Uma granada caiu sobre o prédio da frente e não sei quantas outras bem pertinho da nossa casa. Toda a cidade está em chamas.

Sua Zlata.

Sábado, 30 de maio de 1992

Dear Mimmy,

A maternidade queimou até o chão. Foi lá que eu nasci. Centenas de milhares de futuros bebês, de futuros habitantes de Sarajevo já não poderão nascer lá. Era uma maternidade bem nova. O fogo devorou tudo. Conseguiram salvar as mães e os bebês. Quando o incêndio começou, dois bebês estavam nascendo. Estão vivos. Aqui, as pessoas morrem, perecem, aqui tudo queima, tudo desaparece, e enquanto isso há bebês, futuros homens vindo ao mundo, saindo das chamas.

Sua Zlata.

Segunda-feira, 1º de junho de 1992

Dear Mimmy,

Hoje é aniversário de Maja. Ela está fazendo dezoito anos. Agora é maior de idade. Ficou adulta. Para Maja é um dia importante, e veja como ela o celebrou: na guerra. Todos nós tentamos fazer o possível para que este fosse um grande dia para ela, mas Maja estava triste, emburrada. Esta guerra veio estragar tudo. Ela não vai se formar, não vai vestir uma roupa bonita para receber o diploma. Aqui só tem guerra, guerra e mais guerra.

Felizmente os combates haviam diminuído e pudemos nos reunir em paz. Tia Boda preparou uma refeição festiva ("festiva" se for possível dizer uma coisa dessa em tempos de guerra!), e mamãe, um rocambole com as nozes que nos restavam (os dezoito anos de Maja bem que mereciam). Demos a ela de presente um colar e uma pulseira com pérolas de Ohrid. Ela recebeu um monte de presentes caros, de ouro. Dezoito anos só se faz uma vez na vida. Feliz aniversário, Maja, desejo que você festeje todos os seus outros aniversários em tempos de paz.

Zlata.

Sexta-feira, 5 de junho de 1992

Dear Mimmy,

A eletricidade foi cortada. Há várias horas, já; estamos com medo de que as coisas da geladeira estraguem. São nossas reservas, as últimas. Não podemos deixar estragar. Temos carne, legumes, frutas. O que fazer?

Papai encontrou um velho fogão a lenha no sótão. É tão velho que é divertido. No porão encontramos madeira; os Bobar também. Instalamos o fogão no pátio interno e cozinhamos toda a comida que estava na geladeira. Os Bobar vieram nos ajudar, fizemos um banquete. No cardápio tinha vitela, frango, lulas, strudel de cereja, torta de carne e batatas — tudo, tinha de tudo. Mas foi pena a gente ter que comer tanto de uma vez só. Fomos obrigados a nos empanturrar. AGORA O QUE VAI EXPLODIR É NOSSA BARRIGA!

Limpamos a geladeira e o congelador. Sabe-se lá quando vamos poder cozinhar de novo. Encontrar comida em Sarajevo está virando realmente um problema. Já não há nada para comprar e os adultos não estão conseguindo achar cigarros e café. As últimas reservas estão chegando ao fim. Deus do céu, além de tudo o mais, será que vamos ter que passar fome?...

Zlata.

Quarta-feira, 10 de junho de 1992

Dear Mimmy,

Ontem, mais ou menos às 23h00, os trovões recomeçaram. Não, não era uma tempestade, era o canhão! Fomos depressa para a casa de Nedo. Passei a noite lá; papai e mamãe voltaram para casa.

Não há eletricidade. Cozinhamos no pátio. Todo mundo. Todos os vizinhos. Nosso velho fogão é muito bem-vindo mesmo.

Papai e Žika passam o tempo todo mexendo no rádio para ouvir as notícias. Conseguiram captar a RFI (Rádio

France International), o programa em servo-croata. É à noite, às 21h00 e eles escutam sempre. Bojana e eu jogamos cartas, fazemos "castelos" ou então desenhamos.

Zlata, que ama você.

Domingo, 14 de junho de 1992

Dear Mimmy,

Como até agora a força não voltou, continuamos cozinhando no pátio. Quando estávamos perto do fogão, exatamente às 14h00, uma granada caiu em cima do prédio da esquina defronte. A linda joalheria Zoka foi demolida. Descemos correndo para o porão pensando que ia haver um canhoneio. Felizmente só houve uma explosão e mais ou menos às 16h00 pudemos sair do porão.

Sua Zlata.

Terça-feira, 16 de junho de 1992

Dear Mimmy,

Não temos mais mantimentos. Em parte alguma, só no meu quarto. Por causa de uma maldita granada que atingiu outra vez a joalheria Zoka, em frente a nossa casa. Na hora eu estava sozinha lá em cima. Papai e mamãe preparavam o almoço no pátio e eu havia subido para pôr a mesa. De repente ouço uma violenta explosão e uma barulhada de vidro. Aterrorizada, fui correndo para o poço da escadaria. Nesse momento vi papai e mamãe na frente da nossa porta. Estavam sem fôlego, ensopados de suor, lívidos; me pegaram e corremos para o porão, pois em geral quando as granadas começam, não param mais. Quando percebi o que tinha acontecido, comecei a chorar, tremia feito uma folha. Todo mundo tentou me consolar, mas eu estava superabalada. Neste momento estou acabando de me recuperar.

Quando subimos havia vidro por todo lado no apartamento, todas as vidraças estavam partidas. Recolhemos os cacos e pusemos plásticos nas janelas. Escapei de uma boa. Pus o fundo e os estilhaços da granada numa caixa de papelão e dei graças a Deus porque estava na cozinha, do contrário poderia ter sido atingida por um daqueles malditos estilhaços. É UM HORROR. Quantas vezes já escrevi isso? É UM HORROR. Mas agora já é demais. O horror substituiu o tempo que passa. Talvez em Sarajevo seja esse o nome a dar ao tempo que passa, pois é com isso que o tempo que passa se parece.

Zlata, que ama você.

Quinta-feira, 18 de junho de 1992

Dear Mimmy,

Outra notícia péssima hoje. Nossa casa de campo em Crnotina, nossa torre de quase cento e cinquenta anos, queimou. Desapareceu no meio das chamas exatamente como o correio. Eu gostava tanto daquela casa! No ano passado passamos férias lá. Eu adorava ir para lá, me divertia muito. Como eu ficava feliz quando íamos para lá! E a restauração estava tão benfeita; móveis novos, tapetes novos, janelas novas. Havíamos posto nela todo o nosso amor, todo o nosso calor, e ela nos recompensava com sua beleza. Ela havia atravessado tantos anos, tantas guerras, e agora... não resta mais nada. Queimou de alto a baixo. Žiga Meho e Bečir, vizinhos nossos, morreram. E isso é ainda mais triste. A casa de Vildana também queimou. Todas as casas estão queimando. Morre um montão de gente. São notícias terrivelmente tristes.

Busco a razão disso tudo. Por quê? Quem é o responsável? Procuro, mas não encontro. Só o que sei é que estamos nos enterrando na desgraça. E também que a responsável por tudo isso é a política. Eu disse antes que a política não me interessava, mas para encontrar a resposta a minhas perguntas seria necessário, apesar de tudo, que eu entendesse um pouco de política. Adivinho algumas coisas, mas muitas outras algum dia vou aprender e compreender. Papai e mamãe nunca me falam de política. Sem dúvida eles acham que ainda sou muito pequena, ou então eles também não entendem nada. Eles só me dizem: "Um dia isso acaba — um dia isso deve terminar".

Sua Zlata.

Sábado, 20 de junho de 1992

Dear Mimmy,

Tia Radmila (uma colega de trabalho de mamãe) chegou hoje de Vojničko polje (um novo conjunto habitacional). A casa dela foi completamente destruída. Explosões de granada. Não sobrou nada das coisas que eles tinham. Nada além de montes de cacos inúteis, cacos de móveis, armários, quadros, tudo o que pode haver dentro de um apartamento. Ela está triste porque as filhas não estão junto dela (Sunčica e Mirna estão em Zagreb, capital da Croácia), mas ao mesmo tempo está feliz porque elas não viram o inferno em que se transformou Vojničko polje. Hoje ficamos sabendo que

Narmin Tulič, um ator do Teatro Experimental, perdeu as duas pernas. É terrível! Terrível! TERRÍVEL!

Saša viajou para a casa da avó. Mas tenho a impressão de que é só por algum tempo.

Sua Zlata.

Segunda-feira, 22 de junho de 1992

Dear Mimmy,

O sangue correu novamente pelas ruas de Sarajevo. Um novo massacre. Desta vez na avenida Marechal Tito. Três mortos, trinta e cinco feridos. Também caíram granadas na rua Radič, na rua Irbina e na rua Šenoa. No total, uns quinze mortos. Estou com medo de que haja vítimas nas famílias de Mirna, de Marijana ou de Ivana.

E as pessoas continuam matando!

ASSASSINOS!

Tenho pena deles porque são tão burros e tão servis a ponto de se rebaixarem desse modo diante de certas pessoas. É PAVOROSO!

Sua Zlata.

Terça-feira, 23 de junho de 1992

Dear Mimmy,

Hoje Cicko quase morreu. Caiu da janela da cozinha sobre o telhado de zinco. Corremos na hora para o pátio para ir buscá-lo. Ele estava caído num canto da gaiola, batendo as asas de terror. Tentei consolá-lo oferecendo a ele um pouquinho de verdura. Por felicidade ele continua vivo.

Hoje caiu uma granada na praça do mercado e sobre a catedral.

Ontem a eletricidade foi interrompida às 20h00. Agora são 23h30 e a luz não voltou até agora.

É UM HORROR!

Zlata.

Quarta-feira, 24 de junho de 1992

Dear Mimmy,

9h45: a água voltou. Continuamos sem eletricidade. 10h30: ainda temos água. 12h00: a água acabou, mas a eletricidade voltou.

YESSS!

Mimmy, acabo de me dar conta de que todos os meus amigos foram embora. Oga, Martina, Matej, Dejan, Vanja, Andrej. Ah, NÃÃÃÃOOO!...

Bojana e eu estamos proibidas de sair para o pátio por causa dos tiros. Então andamos de patins na entrada do prédio dela. É legal, também.

Até agora li os seguintes livros: *Mamãe, eu amo você, As águias levantam voo cedo*, e agora estou lendo *A pequena Toto*.

Sua Zlata.

Segunda-feira, 29 de junho de 1992

Dear Mimmy,

NÃO AGUENTO MAIS TIROS DE CANHÃO! NÃO AGUENTO MAIS GRANADAS CAINDO! NEM MORTOS! NEM DESESPERO! NEM FOME! NEM INFELICIDADE! NEM MEDO!

Minha vida é isso!

Não se pode criticar uma estudante inocente de onze anos de idade por estar vivendo! Uma estudante que não tem mais escola, que não tem mais nenhuma alegria, nenhuma emoção de estudante. Uma criança que não brinca mais, que ficou sem amigas, sem sol, sem pássaros, sem natureza, sem frutas, sem chocolate, sem balas, só com um pouquinho de leite em pó. Uma criança que, em resumo, não tem mais infância. Uma criança da guerra. Agora percebo mesmo que estou no meio da guerra, que sou testemunha de uma guerra suja e nojenta. Eu e também os milhares de outras crianças desta cidade que está sendo destruída, que chora, que se lamenta, que espera um socorro que não virá. Meu Deus, será que algum dia isso vai chegar ao fim, será que vou poder voltar a ser estudante, voltar a ser uma criança feliz por ser criança? Ouvi dizer que a infância é a época mais linda da vida. Eu estava feliz de viver minha infância, mas essa guerra me tomou tudo. Por quê? Estou triste. Estou com vontade de chorar. Estou chorando.

Sua Zlata.

Quinta-feira, 2 de julho de 1992

Dear Mimmy,

Hoje tive uma pequenina alegria. Uma coisa gostosa que nos oferecemos. Colhemos as cerejas de nosso pátio interno. Que pratada! Estávamos acompanhando todo o processo de amadurecimento: os brotos, o surgimento das florezinhas, depois as minúsculas frutas verdes que pouco a pouco foram ficando vermelhas. Esperamos que elas ficassem no ponto... E NHAM!, elas estavam deliciosas! A ameixeira não deu nada, não vamos poder comer ameixas. É impressionante a vontade de comer frutas que eu sinto. Aqui em Sarajevo, nestes dias de guerra, durante esta guerra, não só não temos os alimentos básicos e tudo aquilo de que se tem necessidade para viver, como não há nenhum tipo de fruta. Mas agora posso dizer que enchi a barriga de cerejas.

Braco, o irmão de mamãe, está se recuperando. Já está melhor. Consegue dar alguns passos.

Zlata.

Sexta-feira, 3 de julho de 1992

Dear Mimmy,

Mamãe voltou a trabalhar. Ela vai quando não há tiroteio, mas é impossível saber se mais tarde eles não recomeçam. É perigoso andar pela cidade. Principalmente atravessar a ponte perto da nossa casa, por causa dos francoatiradores. É preciso correr. Todas as vezes que mamãe sai, papai e eu ficamos olhando da janela. "Eu jamais teria acreditado que o Miljacka (nosso rio) era tão largo", diz mamãe. "A gente corre, corre, corre, e a ponte parece não acabar nunca." É o medo que faz mamãe dizer isso, Mimmy, o medo de uma desgraça.

Papai não vai trabalhar. Não está trabalhando. E ficamos os dois em casa esperando mamãe voltar. Quando as sirenes de alerta começam a tocar, ficamos preocupados com ela, ficamos imaginando como e quando ela vai voltar. Que ufa de alívio quando ela chega!

Neda veio hoje aqui em casa. Almoçou conosco. Depois jogamos cartas. Ela está falando em viajar para Zagreb. Mamãe está triste porque as duas se conhecem desde meninas. Elas nunca se separaram, passaram a vida toda juntas, até agora. Eu também vou ficar muito triste porque gosto muito de Neda e sei que ela também gosta de mim.

Zlata.

Domingo, 5 de julho de 1992

Dear Mimmy,

Já nem lembro mais quando saí de casa pela última vez... Faz quase dois meses! Como eu gostaria de ver vovô e vovó! Eu ia todos os dias à casa deles, faz uma eternidade que não estou com eles.

Passo o tempo todo em casa e no porão. E assim transcorre minha infância de guerra. Estamos no verão. As outras crianças estão passando férias no mar, na montanha, nadam, tomam sol, se divertem. Meu Deus, que pecado eu cometi para ser obrigada a passar o tempo dessa maneira? As crianças não merecem isso. Estou trancada como se estivesse numa gaiola. Só vejo o parque em frente à nossa casa olhando através de nossas janelas quebradas. Um parque vazio, deserto, sem crianças, sem alegria. Ouço explosões e a meu redor tudo tem cheiro de guerra. Minha vida, agora, é a guerra. DROGA, não aguento mais! Me dá uma vontade de uivar, de chorar. Se pelo menos eu pudesse tocar um pouco de piano, mas não, não posso, o piano está no quarto "perigoso", lá não tenho coragem nem de pôr os pés. Será que isso ainda dura muito tempo?!

Zlata.

Terça-feira, 7 de julho de 1992

Dear Mimmy,

Ontem, anteontem e antes de anteontem a água estava cortada. Hoje, lá pelas 8h30 ligaram outra vez. Agora são 10h30 e só sai um fiozinho da torneira.

Enchemos tudo o que pudemos e agora temos que economizar esse precioso líquido. Nesta guerra é preciso economizar tudo — tanto água como comida.

Mamãe está no trabalho, papai está lendo; vou à casa de Bojana, não aguento mais.

Zlata.

Sábado, 11 de julho de 1992

Dear Mimmy,

Nedo nos trouxe uma visita. Uma gatinha. Vinha andando atrás dele, seguia Nedo por toda parte, aí ele não teve coragem de deixá-la do lado de fora. Pegou-a no colo e a trouxe para nós. Que nome vamos escolher para ela? Tanjo, Tanjko, Mada, Mikana, Persa, Cici?... Ela é alaranjada com as patinhas brancas e tem uma coleirinha. É a maior gracinha, mas só um pouquinho selvagem.

Zlata.

Terça-feira, 14 de julho de 1992

Dear Mimmy,

No dia 8 de julho recebemos um pacote das Nações Unidas. "Ajuda humanitária." Um pacote com seis latas de presuntada, cinco latas de peixe em conserva, dois queijos, três quilos de sabão, cinco sabonetes, dois quilos de açúcar e cinco litros de óleo. Um superpacote. Só que papai teve que ficar quatro horas na fila para consegui-lo.

Dobrinja foi libertada. Lá também as pessoas estão recebendo pacotes da ONU.

Estamos esperando a decisão tomada pelo Conselho de Segurança a respeito de uma eventual intervenção na Bósnia-Herzegóvina.

Anteontem, dia 12 de julho, a água e a eletricidade foram cortadas. E até agora não voltaram. Tchau!

Zlata.

Sexta-feira, 17 de julho de 1992

Dear Mimmy,

A gata ficou se chamando CICI. Nedo deu um minibanho nela; ela tomou leite, comeu bolo seco e... arroz! Cici também vai ter que se acostumar com comida de guerra. Ela é a maior gracinha. Tem uma carinha linda. Todo mundo está louco por ela e ela devagarinho está se acostumando conosco. Bojana e eu a pegamos no colo, fazemos festinha, ela deixa. Isso prova que gosta, que está feliz. E bem que se pode dizer que ela teve sorte. A esta altura podia estar morta, atingida por um estilhaço de granada, ou ter morrido de fome, ou ter sido devorada por um cachorro perdido. É, Nedo fez mesmo uma boa ação. Assim, há um novo membro na grande família que formamos com OS VIZINHOS. TCHAU!

Zlata.

Sábado, 18 de julho de 1992

Dear Mimmy,

Esqueci de contar a você: alguns dias atrás, duas garotas vieram morar no prédio. Emina e Samra. Elas são geniais. Emina é parecida com mamãe: elas gostam das mesmas cores, gostam de olhar roupas e — Deus meu — como elas são medrosas! Samra é refugiada de Grbavica, também deixou lá tudo o que tinha. A mãe dela morreu há alguns anos, deve ser por isso que ela parece mais forte e aguenta melhor esta situação. A irmã de Emina é casada com o irmão de Samra. Chamam-se Alma e Kemo. Têm um filho de oito anos, Haris, e uma filha de dois anos e meio, Nejra. Samra e Emina só falam dela, uma meninazinha superbonita e boazinha. Como eu gostaria de conhecê-la! Tchau!

Zlata.

Segunda-feira, 20 de julho de 1992

Dear Mimmy,

Como não saio de casa, olho o mundo lá fora pela janela.

Inúmeros cães de raça maravilhosos abandonados passam pelas ruas. Seus donos os deixam fora de casa, pois com certeza não têm como alimentá-los. É uma coisa muito triste. Ontem vi um cocker atravessando a ponte, ele não sabia para onde ir. Estava perdido. Dava alguns passos, depois parava, aí voltava por onde tinha vindo. Deve estar procurando o dono; sabe-se lá se o dono dele ainda está vivo! Aqui, até os animais estão sofrendo. A guerra não poupa nem eles. Tchau!

Zlata.

Domingo, 26 de julho de 1992

Dear Mimmy,

Ontem recebemos a visita de Braco Lajtner. Ele trouxe uma carta de Keka, Martina e Matej para nós lermos. Eles estão sofrendo muito com a separação de Braco, lendo a carta deles todo mundo aqui chorava. Até papai. Viver na guerra é duro, mas viver como refugiado também.

Martina e Matej arranjaram amigos e Martina foi a Budapeste para assistir ao concerto do Guns'n' Roses.

Até agora já li os seguintes livros: *Mamãe eu amo você, A pequena Toto, Ringo Starr, O crepúsculo dos gênios, O Haiduk em Belgrado, Siga-me* e *O diário secreto de Adriano.* Que tal, hein?

Braco, o irmão de mamãe, saiu do hospital. Está na casa de vovô e vovó. Está se sentindo muito melhor, tanto física como psicologicamente.

O centro comunitário do bairro está organizando

cursos de verão. Me inscrevi em inglês, informática e música. Bojana só se inscreveu em informática.

Hoje mamãe encontrou Miša, a mãe de Mirna. Ela disse que eles estão bem e que Mirna passa o tempo exatamente como eu. Se pelo menos tivéssemos um jeito de nos ver!

O Conselho de Segurança é desesperador. Não tem o menor bom senso em suas resoluções.

Sua Zlata.

Quarta-feira, 29 de julho de 1992

Dear Mimmy,

Mamãe voltou do trabalho chorando tudo o que podia. Ela nos deu uma notícia muito, muito triste: ontem Mladjo (o irmão de Srdjan) foi morto na frente da casa dele. O enterro era hoje e mamãe ficou sabendo pelo jornal, quando a hora já tinha passado. É terrível. Não dá para acreditar no que está acontecendo aqui. As pessoas morrem, desaparecem, são enterradas, e a família não pode nem acompanhá-las na última viagem. A única pessoa que foi ao enterro foi Seka, a irmã de Bokica. Srdjan e os pais estão em Dubrovnik, e a mulher de Mladjo está em Montenegro com Maja, Bojana e Nebojša, os três filhos deles. Eles nem sabem da morte de Mladjo. Quando ficarão sabendo? Sarajevo está cortada do mundo. O telefone não funciona mais. Meu Deus, o que está acontecendo, afinal?...

Bojana, Maja e Nebojša não têm mais pai. Uma guerra suja tomou o pai deles. É triste, tremendamente triste. Mladjo era um sujeito bacana.

Zlata, que ama você.

Terça-feira, 4 de agosto de 1992

Dear Mimmy,

Cinco meses. Cinco meses de agressão brutal contra o Estado soberano e independente da Bósnia-Herzegóvina.

Atiraram na sala de visitas dos Bobar. Uma primeira bala destruiu a janela, quebrou a antena interna da televisão, levou pela frente um pedaço da mesa de vidro, atravessou uma poltrona, quebrou o vidro da porta e depois... PAF! Caiu no chão. Depois dessa bala, atiraram mais três. A primeira furou o plástico da janela, ricocheteou até o armário, onde pegou de raspão o lindo diploma da tia Boda e depois caiu, PAF! A segunda bala também quebrou o vidro e se enfiou na parede. A terceira furou o plástico, raspou num sofá e foi se alojar num armário, estragando um sutiã antes de cair, PAF!

Zlata.

Quarta-feira, 5 de agosto de 1992

Dear Mimmy,

Mais uma notícia ruim lida no jornal. O tio de mamãe (meu tio-avô Halim) morreu. Estava velho, mas a guerra apressou sua morte. Fico com muita pena. Era um velho maravilhoso. Eu gostava muito dele. É a guerra, Mimmy. A gente vai perdendo a família e nem fica sabendo. A guerra não deixa a gente manter contato com ninguém, só com os vizinhos. A vida, aqui, são os vizinhos. Tudo se passa num círculo, num círculo conhecido, e tudo o que está fora desse círculo parece muito distante.

Zlata.

Sexta-feira, 7 de agosto de 1992

Dear Mimmy,

Hoje trovejou em nosso bairro inteiro. Não sei nem dizer o número de granadas que caíram pertinho da nossa casa. Papai havia ido com Samra para o local onde estão fazendo distribuições da Ajuda Humanitária. Tudo estava calmo, mas de repente se ouviram tiros de canhão. Explosões. Trovões impressionantes. Emina estava em nossa casa. Num determinado momento houve uma violenta detonação. Vidros voavam em estilhaços; telhas despencavam, havia uma nuvem de poeira. Não sabíamos mais para onde ir. Estávamos convencidos de que uma granada havia atingido nosso prédio. Já estávamos correndo para o porão quando ouvimos os gritos apavorados de Nedo. Ele estava correndo para nós em meio à poeira, às telhas e ao vidro quebrado. Descemos rapidamente para o porão dos Bobar. Todo mundo já estava lá. Tremíamos como varas verdes. Principalmente mamãe. Chorando, ela nos perguntou onde estava papai, se ele havia voltado para casa. Assim que nos recuperamos um pouco, soubemos que uma granada havia caído sobre o teto justo em cima do apartamento de Emina. Tivemos sorte, pois nosso telhado está a apenas uns dez metros do de Emina. Tudo acabou bem. Vimos quando papai e Samra chegaram correndo. Estavam preocupados conosco. Quando subimos para o apartamento, encontramos tudo cheio de pó e cacos de telhas. Encontramos até um estilhaço de granada dentro da banheira. Foi preciso arregaçar as mangas e limpar tudo. Eu estava com medo de que tudo recomeçasse, mas felizmente era só aquilo. Mais um dia horrível.

Sua Zlata.

Em 1989, Zlata sobre o monte Ingman — uma das colinas que cercam Sarajevo.

Primavera de 1991. Aos dez anos, Zlata está na quinta série. Sarajevo ainda não vive sob bombardeio.

Em seu quarto, Zlata relê seu diário. Tornou-se perigoso ficar nesse aposento, que dá para as colinas de onde Sarajevo é bombardeada.

Segunda-feira, 10 de agosto de 1992

Dear Mimmy,

Braco, o irmão de mamãe, está passando bem. Já está caminhando bem. Hoje ele voltou para Otes. Vai trabalhar na central de imprensa e fornecer informações sobre o que está acontecendo por lá. Em Otes as coisas vão indo. Ninguém está lutando e há o que comer. Melhor para eles. Estou com saudade de Mikica e Dačo (meus primos). Não os vejo desde o começo da guerra.

Sua Zlata.

Terça-feira, 11 de agosto de 1992

Dear Mimmy,

Em Sarajevo as granadas, a morte, a escuridão, a fome, tudo isso continua. Que tristeza!

Continuo sem sair de casa. Brinco com Bojana e Cici, a gata. Cici é um cantinho de céu azul na minha triste vida. Esse jeito dela de mostrar que gosta de mim! Ela não sabe falar, mas tem seu olhar, suas patinhas, seus miados. É o jeito que ela tem de falar e eu a entendo muito bem. Você é um amor, Cici! Tchau.

Zlata.

Sexta-feira, 14 de agosto de 1992

Dear Mimmy,

Ontem à noite, como de hábito e como todas as noites, os Bobar vieram para nossa casa para ouvir a RFI. Bojana e eu estávamos jogando cartas. Todo mundo estava relaxado e por um momento esquecemos que estamos em guerra. Lá pelas 21h30 as explosões de granada recomeçaram. De repente, como acontece tantas vezes. Fomos correndo para o apartamento de Nedo. Lá pela meia-noite os tiros diminuíram e pudemos voltar para casa. Relaxar... não podemos relaxar de jeito nenhum!

Zlata.

Domingo, 16 de agosto de 1992

Dear Mimmy,

Papai está com hérnia. Emagreceu muito e os latões de água foram pesados demais para ele. Foi ao médico e ele disse que papai não pode mais levantar peso. Não PODE mais? Mas e então... como vamos fazer com a água?! Mamãe é que vai ter que buscar água — e sozinha. Ela nunca vai conseguir!...

Zlata.

Terça-feira, 18 de agosto de 1992

Dear Mimmy,

Mamãe é que está trazendo água. É duro, mas não tem outro jeito! O abastecimento de água está cortado. A eletricidade também. Eu não lhe contei, Mimmy, esqueci como é ter água escorrendo da torneira, poder tomar um banho de verdade. Usamos uma concha. Uma concha que substitui o chuveiro. E para lavar a louça e a roupa fazemos como na Idade Média. Com esta guerra, estamos voltando aos tempos antigos. Mas a gente se acostuma, aguenta. Por quanto tempo ainda, é coisa que não sabemos.

Zlata.

Sexta-feira, 21 de agosto de 1992

Dear Mimmy,

Na realidade, não estou frequentando nenhum dos cursos de verão que eu havia imaginado fazer. Me inscrevi na seção teatro-literatura. Me mandaram recitar "A oração de Sarajevo", de Abdulah Sidran. É superbonito.

Zlata.

Terça-feira, 25 de agosto de 1992

Dear Mimmy,

Estou frequentando regularmente os cursos de verão. Estou gostando muito. Há muitas outras crianças. A gente para de pensar nas granadas e na guerra. Maja e Lela, as duas jovens que ajudam nossa professora Irena Vidovic, nos fazem passar bons momentos. Estamos estudando literatura, aprendemos a recitar — em suma, é um verdadeiro prazer estarmos juntos. Tenho a impressão de reencontrar os tempos de antes da guerra. Que felicidade poder voltar a andar na rua! Na verdade não é muito longe (fica a duzentos metros de casa), mas finalmente consegui sair de casa de novo. Papai vai comigo. As crianças de Sarajevo já não podem andar sozinhas na rua. Estava realmente insuportável passar o tempo todo trancada. Agora eu me ajeito um pouco, me arrumo. Mas sem exageros, claro! Tchau!

Zlata.

Sábado, 29 de agosto de 1992

Dear Mimmy,

A situação melhorou um pouco. Os bombardeios cessaram, assisto às aulas, vejo Maja, Bojana e Neda. A gente faz a maior bagunça — o que a gente ri! A ponto de esquecer a guerra de vez em quando. Isso nos ajuda a ficar firmes, vivemos instantes de paz. Até o momento em que um canhonaço ou uma explosão nos mergulham outra vez na realidade. Às vezes me pergunto como eu ia conseguir aguentar isso tudo sem Maja, Bojana e Neda. Agradeço a vocês por me ajudarem a suportar tudo o que está acontecendo, a acabar com meu tédio, a esquecer por instantes todos esses horrores.

Mimmy, guarde bem seus nomes para que você também se lembre sempre delas. De minha parte, nunca vou esquecê-las, disso eu tenho certeza.

Sua Zlata.

Quinta-feira, 3 de setembro de 1992

Dear Mimmy,

Os belos dias estão acabando. Já não jogam granadas sobre nosso bairro, mas já está fazendo um mês que... BUÁ!!... estamos sem eletricidade. Se a força voltasse... E se eu pudesse atravessar a ponte para ir visitar vovô e vovó. Peço a papai e mamãe. Insisto. Será que vou conseguir? Aguarde a continuação...

Zlata.

Terça-feira, 8 de setembro de 1992

Dear Mimmy,

YES! YES! YES! JÁ TEMOS LUZ!!!

Amanhã é o aniversário de mamãe. Recortei um coração num jornal e escrevi FELIZ ANIVERSÁRIO... e também um buquê de rosas. Mamãe tinha inventado de preparar uma *bajadera** porque para a *bajadera* não precisa luz, mas quando o bolo ficou pronto voltou a força! COITADA DA MAMÃE!

Sua Zlata.

(*) Bolo de chocolate e amêndoas.

Sábado, 12 de setembro de 1992

Dear Mimmy,

Hoje é o aniversário de tia Boda. Demos a ela um par de meias de náilon e um pacotinho de café. As *hurmasice** estavam supergostosas. Tchau!

Zlata.

Domingo, 13 de setembro de 1992

Dear Mimmy,

Você se lembra de Nejra, a meninazinha de dois anos e meio de que Samra e Emina me falam o tempo todo? Eu havia dito a você que gostaria de conhecer essa menina tão boazinha e tão gentil — pois bem, agora ela está na casa dos vizinhos. Caiu uma granada na casa dela. Toda a família teve que sair. Vieram para a casa de Samra e Emina. As duas tinham toda a razão. NEJRA É MESMO MUITO MUITO ENGRAÇADINHA!

Samra encontrou trabalho. Como mecânica. Está trabalhando doze horas por dia! Quase não a vejo mais.

Sua Zlata.

(*) Doce turco

··· *86* ···

Segunda-feira, 14 de setembro de 1992

Dear Mimmy,

Hoje Alma e Dado festejaram seu aniversário de casamento. Nosso presente foi um porta-guardanapos e uma gravata. A festa e o bolo estavam demais!

Zlata.

Terça-feira, 15 de setembro de 1992

Dear Mimmy,

Vou ser obrigada a dar outra má notícia a você. Um menino que estava fazendo o curso de teatro comigo MORREU. Caiu uma granada na frente do centro comunitário local e o coitado foi morto por um estilhaço. O nome dele era Eldin; ele era refugiado de Grbavica. Mais uma vítima inocente desta porcaria de guerra, outra criança para acrescentar aos milhares de crianças mortas em Sarajevo. Estou muito triste. Ele era bonzinho, aquele garoto. Mas meu Deus, por quê? Você não acha que agora já chega?!

Zlata.

Quinta-feira, 17 de setembro de 1992

Dear Mimmy,

Hoje é o aniversário de Alma. Demos a ela dois xampus de ervas. Tudo muito legal, mas aí... Eu estava olhando pela janela quando vi um clarão nas colinas. Um sinal, foi o que pensei, é comum nestes tempos de guerra. E de repente... BUM! Os vidros quebrando, o gesso despencando das paredes. Tinha acabado de cair uma granada na frente da 22 de Dezembro (uma loja pertinho daqui), e do quarto andar eu vi tudo. Corremos para a casa do Nedo. Ligamos a televisão.

O aniversário de Alma estava bom, mas teria sido muito melhor se aquela granada não tivesse vindo estragar tudo.

Sua Zlata.

Sexta-feira, 18 de setembro de 1992

Dear Mimmy,

Você está vendo, a gente presta atenção na lista dos aniversários e tenta esquecer a guerra. Tentamos alegrar nossa vida, que está ficando mais dura. Às vezes digo para mim mesma que isso tudo não é a vida, que só estamos fazendo de conta que vivemos.

Cortaram de novo a eletricidade. BUÁ! SNIFF! TUDO ESCURO DE NOVO! O QUE A GENTE VAI FAZER?

Zlata.

Sábado, 19 de setembro de 1992

Dear Mimmy,

A eletricidade voltou ontem à noite. YESSS!

E esta manhã... cortaram de novo! BUÁ! MAS COM CERTEZA À NOITE VOLTA. Com a água, sem problemas. (Bato na madeira — com toda a força — para que ela dure!)

YESSS! Voltou a eletricidade. Vou correndo assistir *O que os outros dizem de nós*. YESSS!

Sua Zlata.

Domingo, 20 de setembro de 1992

Dear Mimmy,

IUPII! Atravessei a ponte! Saí de casa! Nem consigo acreditar. A ponte continua igual, não mudou. Mas está tristíssima, por causa do antigo correio, que está com um aspecto ainda mais triste. Continua no mesmo lugar, mas o fogo passou por ali. Está lá como testemunha de um desejo brutal de destruição.

As ruas já não são as mesmas, quase não se vê ninguém, as pessoas estão preocupadas, tristes, todo mundo corre com a cabeça encolhida entre os ombros. As vitrines estão destruídas e as lojas foram saqueadas. Minha escola foi atingida por uma granada, a escada de trás desmoronou. O teatro também foi atingido por essas porcarias de granadas e está bastante demolido. É impressionante o número de casas antigas de Sarajevo que foram demolidas.

Fui à casa de vovô e vovó. Nos abraçamos muito muito forte e nos cobrimos de beijos. Eles choravam de felicidade. Como eles emagreceram e envelheceram nestes quatro meses! Disseram que eu tinha crescido, que agora era uma menina grande. É a natureza. As crianças crescem, os velhos envelhecem. Bom, pelo menos os que continuam vivos.

Tem uma montanha de gente e de crianças de Sarajevo que já não estão entre nós. A guerra os levou. Inocentes, todos. Vítimas inocentes desta guerra imbecil. Encontra-

··· *89* ···

mos a mãe de Marijana. Eles não foram embora. Estão vivos e com boa saúde. Disseram-me que Ivana tinha ido embora para Zagreb — com o comboio judeu.*

Também passamos na casa de Doda (uma amiga). Ela ficou surpresa ao me ver. E começou a chorar. Disse que eu tinha crescido. Slobo (o marido dela) foi ferido, mas agora já está tudo bem. Eles estão sem notícias de Dejan, o filho deles. Doda está agoniada.

Mimmy, vou confessar uma coisa a você. Eu tinha me arrumado toda. Tinha vestido meu lindo conjunto xadrez. Os sapatos estavam um pouco apertados porque meus pés cresceram, mas deu para aguentar.

E aí está, foi meu reencontro com a ponte, com o antigo correio, com vovô e vovó, meu reencontro com Sarajevo, a ferida. Que a guerra pare! Assim seus ferimentos vão cicatrizar. Tchau!

Zlata.

Segunda-feira, 21 de setembro de 1992

Dear Mimmy,

Estou contente porque ontem passeei pelas ruas de Sarajevo, mas o passeio me deixou triste. Ainda estou vendo minha escola, o correio, as ruas quase desertas, os pedestres preocupados, as lojas saqueadas.

Sabe, eu contei a Bojana, Maja e Neda que tinha revisto nossa escola e todo o resto, pois elas saem bastante. Quanto a mim, papai e mamãe não queriam que eu saísse. Estavam com medo. Mas é que elas são mais velhas.

(*) Comboio organizado pela Benevolencija, associação judaica de Sarajevo.

Seja como for, agora eu também posso dizer que sou corajosa. Corajosa o bastante para andar pelas ruas de Sarajevo.

Ontem disseram no rádio que o último cabo de alta tensão havia sido destruído; era ele que fornecia a energia elétrica da cidade. O que significa que esta noite não vai haver força. E que mais uma vez vamos ter que ficar no escuro.

Sua Zlata.

Segunda-feira, 28 de setembro de 1992

Dear Mimmy,

QUE DESGRAÇA! Acabou a eletricidade, acabou a água! A água foi cortada esta manhã. Os "senhores" cortaram a bomba de água. QUE DESGRAÇA!

Há uma semana foi o aniversário de Lela (uma amiga de Maja). Cortei os cabelos especialmente para a ocasião.

Você sabe quem foi meu cabeleireiro? Alma, nossa vizinha, pois os salões de beleza ainda não reabriram. E os cabelos crescem!

Há dois dias foi o aniversário de Avdo (o pai de Lela), mas nesse dia houve bombardeio e não pudemos ir. Estou chateadíssima, são os únicos dias em que todos os vizinhos podem relaxar um pouco, reunir-se com bom humor. E é bem mais agradável que nossos encontros habituais... no porão! É por isso que gosto tanto dos aniversários.

Hoje Neda veio nos visitar. Acho que ela vai partir para Zagreb. No início de outubro parte um novo comboio judeu. Ela vai tentar se inscrever. Meu Deus, agora é Neda quem vai embora. Mamãe está tristíssima.

Zlata.

Quarta-feira, 30 de setembro de 1992

Dear Mimmy,

Estamos sem força, talvez por muito tempo ainda. As pilhas estão gastas. Papai trouxe uma bateria de automóvel e ligou o rádio nela. Assim podemos ouvir as notícias, mas nada de música, porque é preciso economizar a bateria.

Acabam de anunciar pelo rádio que muitos muçulmanos e croatas foram expulsos de Grbavica. Estamos esperando a família de mamãe, os pais de Nedo, e Lalo, nosso amigo.

Zlata.

Quinta-feira, 1º de outubro de 1992

Dear Mimmy,

Depois da primavera, depois do verão, eis o outono chegando. Já estamos em outubro. E a guerra continua. Os dias estão encolhendo e ficando cada vez mais frios. Em breve vamos montar o antigo fogão aqui dentro do apartamento. Mas vamos nos aquecer com quê? Será que ninguém aqui em Sarajevo pensa na gente? Será que vamos ter que passar o inverno sem água, sem gás, sem eletricidade, e em plena guerra?!

E durante esse tempo todo os "moleques" discutem... Será que finalmente vão conseguir chegar a um acordo?! É realmente o caso de nos perguntarmos se eles se lembram de nós quando discutem — ou será que não nos dão a mínima e preferem abandonar-nos a nossa triste sorte?!

Papai está virando o porão e o sótão de pernas para

o ar para encontrar madeira. Realmente estou com a sensação de que certos móveis vão acabar no fogão se nada mudar até o inverno. E também de que todo mundo está esquecendo da gente, de que essa loucura vai continuar. Não podemos contar com mais ninguém, só conosco: vamos ter que encontrar sozinhos os meios para combater o inverno que, Deus do Céu, também nos ameaça.

Mamãe voltou do trabalho completamente abalada. Encontrou-se com duas colegas de Grbavica. É verdade que muita gente foi expulsa de lá. Da família de mamãe, da família de Nedo, de Lalo — e até agora nada, nenhuma notícia. Nedo está ficando pirado.

Sua Zlata.

Domingo, 4 de outubro de 1992

Dear Mimmy,

YESSS! Não tem mais água!
YESSS! Não tem mais luz!
YESSS! YESSS! YESSS!
Mas sabe quem está aqui?
Mirna,
Minha super, superamiga
MIRNA!!
É incrível como o cabelo dela cresceu. Ela vive lançando moda. No bairro dela tem um dálmata que se chama Gule. Ela não emagreceu muito. Acho até que engordou! Depois que nos abraçamos, ficamos sem saber o que dizer, fazia tanto tempo que a gente não se via... Foi a guerra que nos separou, por isso falamos da guerra. Mas

o importante era que estávamos juntas. Prometi visitá-la esta semana (se não tiver tiroteio, claro).

Dear Mimmy,

Zlata, que ama você.

Segunda-feira, 5 de outubro de 1992

Dear Mimmy,

O aquecimento da casa de vovô e vovó é feito com gás natural. Vovó ia cozinhar em casa de Neda, pois Neda tinha fogão a gás. A gente já estava sem água, já estava sem eletricidade, agora é o gás que parou de chegar!

Sua Zlata.

Quarta-feira, 7 de outubro de 1992

Dear Mimmy,

Neda finalmente viajou. Todo mundo está triste, principalmente mamãe. Neda vai nos fazer falta, mas temos que aceitar: esta guerra nos separa de nossos amigos. Quantas pessoas ainda vamos ver partir? Você vai me desculpar, Mimmy, mas estou triste, não consigo mais escrever.

Zlata, que ama você.

Domingo, 11 de outubro de 1992

Dear Mimmy,

Este domingo vai ficar na história da família. Hoje montamos o fogão velho na cozinha. Estamos superbem, no quentinho. Papai, mamãe e eu pudemos nos lavar. Com água de chuva, mas não faz mal. Todo mundo está limpo e não estamos mais gelados como nos últimos dias.

Eletricidade e água: nada, por enquanto.

Sua Zlata.

Quarta-feira, 14 de outubro de 1992

Dear Mimmy,

Estou escrevendo à luz de uma de minhas velas mais lindas. Fiquei morrendo de pena de usar essa vela, mas estamos precisando de luz. Hoje fui à casa de Mirna. Ela me mostrou suas criações e me apresentou a Gule. Ele é uma gracinha, só que não tem um único pelo na cabeça.

Passei duas horas maravilhosas. Uma boa notícia: O GÁS VOLTOU! YESSS!

Zlata.

Sexta-feira, 16 de outubro de 1992

Dear Mimmy,

De vez em quando volto ao quarto "perigoso" onde está o piano e fico tocando escalas. Tenho a sensação de estar vivendo antes da guerra. A Jahorina, o mar,

Crnotina, meus amigos, a vida boa que a gente levava, tudo ressuscita. Vou chorar, as lágrimas escorrem de meus olhos. Meu Deus, quanta coisa me tomaram...

Mirna veio aqui em casa hoje, YESSS!

Nada de água, nada de eletricidade, mas por sorte o gás voltou. Quer dizer que vovô e vovó também estão quentinhos.

Sua Zlata.

Quarta-feira, 21 de outubro de 1992

Dear Mimmy,

Hoje é o aniversário do papai. Dei um beijão nele e um "Feliz aniversário, papai". Fizemos docinhos "à la Mirna".

Mimmy, vou explicar uma coisa a você: como você sabe, todos os dias (ou quase), escrevo você. Bom, você está sabendo da história dos cursos de verão no centro comunitário local. As pessoas se encontravam, faziam teatro, recitavam, e o mais interessante é que também escreviam. Era o máximo! Até a explosão daquela maldita granada e a morte de nosso amigo ELDIN.

Maja continua estudando com nossa professora Irena Vidovic. Um dia, você sabe o que a Maja me perguntou?

— Você tem um diário, Fipa? (Esse é o meu apelido.)

— Tenho — respondi.

— E no diário você conta seus segredos ou fala da guerra?

— Agora, é sobre a guerra.

— Fipa — me disse ela —, você é divina!

Ela disse isso porque andam querendo publicar um diário de criança. E esse diário seria, poderia ser o meu.

Dnevnik rada

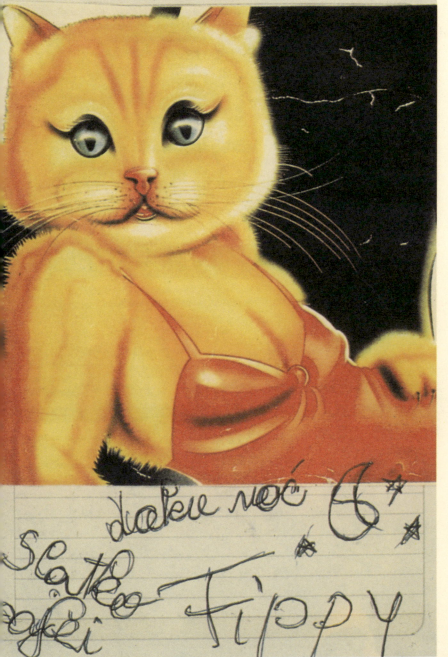

Numa cidade em que os fogões costumam ser elétricos, cozinhar sem eletricidade passou a ser uma verdadeira façanha. Às vezes é preciso correr o bairro todo para achar um forno disponível. Orgulhosa, a mãe de Zlata mostra um pão assado na panela de pressão.

Ou seja, você, MIMMY! Por isso eu passei você a limpo num outro caderno e você, Mimmy, foi ao Conselho Municipal para ser lido.

Acabam de me avisar, Mimmy, que você vai ser publicado. Na semana da UNICEF vão editar um livro. Escrito por mim! É GENIAL. Simplesmente genial.

Agora uma outra superboa notícia — a eletricidade voltou.

Que nada, são 17h45 e a eletricidade foi de novo cortada. Samra disse que ainda volta. Tomara que ela tenha razão. Tchau!

Zlata.

Sábado, 24 de outubro de 1992

Dear Mimmy,

Você conhece o Lalo e a Alma. Eles são de Grbavica, a parte ocupada de Sarajevo. Lalo estava fazendo faxina com outros prisioneiros como ele. Um dia eles tiveram que ir recolher os corpos dos *tchetniks* mortos e foram presos pelos "nossos", que puseram todos eles na prisão e só soltaram muitos dias depois, pois acharam que eles eram suspeitos. É por isso que Lalo está em Sarajevo na casa da mãe dele e a família ficou. Ele estava tentando achar um jeito de tirar Alma e as crianças de Grbavica quando fizeram as trocas e... e... e... CONSEGUIU! QUE BOM!

Sua Zlata.

Segunda-feira, 26 de outubro de 1992

Dear Mimmy,

Hoje fomos visitar Alma, Anja e Maja (a mulher e as filhas de Lalo). Agora elas estão morando perto de nós, no bairro de Zvijezda. Ainda estão em estado de choque, embora tudo tenha acabado bem. O que importa é que eles se reencontraram. Estão tristes porque deixaram tudo o que tinham em Grbavica. Anja é uma menina bem pequena e fica perguntando o tempo todo quando eles vão voltar para casa. O que vão dizer a ela? Ela não entende nada do que está acontecendo. Quer suas bonecas, sua cama. Francamente, é horrível!

Zlata.

Terça-feira, 27 de outubro de 1992

Dear Mimmy,

Na família Bobar, Maja e Bojana poderiam ir para a Áustria, estão pensando no assunto. Não, não é possível!... Será que elas também vão me abandonar? Não tenho nem coragem de pensar. Elas não estão gostando muito da ideia. Vamos ver. Parece que outro grupo de judeus vai sair de Sarajevo.

Sua Zlata.

Quinta-feira, 29 de outubro de 1992

Dear Mimmy,

Mamãe e tia Ivanka (uma colega de trabalho de mamãe) foram aceitas para fazer um estágio na Holanda. Elas receberam uma carta de garantia e a ideia é que eu fosse com elas. Que dilema para mamãe. Se ela aceita, deixa aqui papai, os pais, o irmão. Acho que é uma decisão muito difícil de tomar. Quando penso, sou contra. E logo em seguida penso na guerra, no inverno, na infância que me roubaram, e tenho vontade de ir embora. Depois penso em papai, no vovô, na vovó, e perco toda a vontade de ir embora. É muito difícil ter bom senso. Estou muito nervosa, Mimmy, não consigo mais escrever.

Sua Zlata.

Segunda-feira, 2 de novembro de 1992

Dear Mimmy,

Mamãe pesou os prós e os contras com papai, vovô e vovó, comigo, e decidiu ir embora. O que a fez decidir ir embora... fui EU. Tudo o que está acontecendo em Sarajevo já é demais para mim, ainda mais com o inverno que está chegando, vai ficar muito pior. Bom, então está bem. Mas sei lá... Está bom, acho que é melhor eu ir embora. Na realidade não estou mais aguentando. Falei com tia Ivanka hoje e ela me disse que quem mais sofre com esta guerra são as crianças, que era absolutamente necessário tirá-las daqui. Papai aguenta o tranco, quem sabe até consiga ir nos encontrar. Tchau!

Zlata.

Sexta-feira, 6 de novembro de 1992

Dear Mimmy,

Mamãe e tia Ivanka estão fazendo tudo para conseguir os documentos, pois para sair de Sarajevo é preciso uma montanha de papéis com assinaturas. Agora já está decidido: Maja e Bojana vão para a Áustria. Estão inscritas no comboio judeu. Que sabe a gente viaja juntas...

Zlata.

Sexta-feira, 13 de novembro de 1992

Dear Mimmy,

Fomos visitar os Bobar. Maja e Bojana estão fazendo as malas. Viajam amanhã. Todo mundo estava triste. E muito comovido. Houve choro.

Você imagina, Mimmy, fazer as malas — para uma viagem tão comprida — à luz de uma vela? A pessoa tem a impressão de estar vendo o que está fazendo, só que não vê praticamente nada. Enfim, imagino que no fim elas conseguiram levar o necessário. Amanhã a gente vai levá-las à estação. O trem parte às 9h00.

Mamãe não conseguiu obter todos os papéis, não vai dar para viajarmos. Vamos ter que tomar outro trem.

Zlata.

Domingo, 15 de novembro de 1992

Dear Mimmy,

É terrível o número de pessoas que foram embora de Sarajevo. Todas as pessoas famosas. "É Sarajevo que está indo embora", disse mamãe. E um monte de gente que papai e mamãe conheciam. Falamos com muitas dessas pessoas e na hora de ir embora elas disseram: "Com certeza um dia a gente se encontra de novo em algum lugar". Foi triste. Triste e comovente. Esse dia 14 de novembro em Sarajevo vai ficar na memória. Me lembra os filmes que vi sobre os judeus durante a Segunda Guerra Mundial.

Quando voltamos para casa, a eletricidade tinha sido ligada. Papai desceu imediatamente para o porão com a serra elétrica para cortar lenha. De repente vimos ele subir as escadas correndo, com as mãos cheias de sangue. Era muito sangue que escorria. Mamãe foi com ele na hora para o centro de atendimento e de lá eles tiveram que ir para o hospital. No hospital costuraram o corte e aplicaram uma injeção antitetânica, agora ele vai ter que passar no hospital de três em três dias para ver como a coisa evolui. Teve sorte. Podia ter cortado o dedo fora. Um momento de distração, disse, porque mentalmente ele continuava na frente do prédio da Comunidade Judaica, de onde saem as pessoas que vão embora de Sarajevo. Os conhecidos vão embora e nossa cidade está perdendo um monte de gente fantástica, gente que fez de Sarajevo o que ela era. É a guerra que as expulsa, é a burrice que existe aqui há mais de sete meses e meio.

UM DIA TERRIVELMENTE DIFÍCIL.

Zlata, que ama você.

Terça-feira, 17 de novembro de 1992

Dear Mimmy,

Como você está vendo, vou ficar sozinha, sem Maja nem Bojana. Sinto uma falta terrível delas. Ainda bem que Nedo ficou. Ele faz força para me consolar e se esforça para substituir as duas sozinho. E tem ainda a Cici. Ela também estava triste, até parece que estava percebendo que Maja e Bojana não estão mais aqui. A sua maneira, ela traz um pouco de sol para esses dias tristes.

Zlata.

Quinta-feira, 19 de novembro de 1992

Dear Mimmy,

Em política, nenhuma novidade. Estão votando resoluções, os "moleques" discutem, e enquanto isso nós morremos, congelamos, passamos fome, nos despedimos dos amigos, nos separamos das pessoas que mais amamos.

O tempo inteiro tento entender essa sacanagem que é a política. Acho que foi ela que provocou a guerra e que é por causa dela que nosso cotidiano é a guerra. A guerra suprimiu o tempo que passa, substituiu-o pelo horror. Hoje o que passa não é o tempo, mas o horror. Tenho a impressão de que "política" quer dizer sérvios, croatas, muçulmanos. Homens. Que são todos os mesmos. Que se parecem todos. Que não têm diferenças. Que têm braços, pernas, uma cabeça, que andam, que falam, mas "alguma coisa" faz toda a força possível para torná-los diferentes uns dos outros.

Entre meus colegas, entre nossos amigos, em nossa

família, há sérvios, croatas, muçulmanos. O resultado é um grupo muito variado de pessoas e eu jamais soube quem era sérvio, quem era croata, quem era muçulmano. Hoje a política enfiou o nariz na história toda. Marcou os sérvios com um "S", os muçulmanos com um "M" e os croatas com um "C". A política quer separá-los. E para escrever essas letras ela usou o pior, o mais negro dos lápis. O lápis da guerra, que só sabe escrever duas palavras: infelicidade e morte.

Por que a política nos deixa infelizes, por que ela quer nos separar, se sozinhos sabemos o que é bom e o que não é? Os bons são nossos amigos, os maus não. Entre os bons há sérvios, croatas e muçulmanos. E entre os maus, os primeiros são tão numerosos quanto os segundos e os terceiros. Está bem, não entendo nada, é verdade que sou "pequena", que a política é coisa dos "grandes". Mas mesmo assim tenho a sensação de que os "pequenos" iam saber fazer política melhor que os "grandes". Com toda a certeza a gente não teria optado pela guerra.

Os "moleques" se divertem e é por isso que nós, as crianças, não podemos nos divertir; é por isso que estamos morrendo de fome, sofrendo, que não podemos desfrutar o sol, as flores — por isso não podemos desfrutar nossa infância. É POR ISSO QUE ESTAMOS CHORANDO.

Filosofei um pouco, mas eu estava sozinha e senti que a você, Mimmy, eu podia dizer tudo isso. Você vai entender. Ainda bem que tenho você, que posso escrever você.

Zlata.

Sexta-feira, 20 de novembro de 1992

Dear Mimmy,

Doda partiu também, pelo comboio esloveno. E nós não conseguimos nos inscrever. Hoje fui à casa de Mirna. A mãe dela também está tentando arranjar um comboio. Nesse caso Mirna iria com ela para a Eslovênia ou para a ilha de Krk [no litoral croata]. Mamãe encontrou a mãe de Marijana — eles vão para Zaostnog [cidade litorânea croata]. Em suma, todo mundo está esperando um comboio.

Mirna vem me visitar segunda-feira (se não houver tiroteio, claro). A gente combinou que a partir de agora ela vem aqui em casa às segundas e eu vou à casa dela às sextas. Com uma condição — que não haja tiroteio. CESSAR FOGO!

Sua Zlata.

Quarta-feira, 25 de novembro de 1992

Dear Mimmy,

Realmente, os tiros diminuíram.

Estou ouvindo roncos de serra elétrica. O inverno e os cortes de eletricidade condenaram à morte as árvores centenárias que enfeitavam as aleias e parques de Sarajevo. Hoje fiquei triste. Não estava aguentando ver as árvores do meu parque desaparecerem. Elas foram condenadas à morte. Meu Deus, tudo o que o meu parque tem sofrido! As crianças o abandonaram, Nina o abandonou para sempre, e agora as tílias, as bétulas e os plátanos também o estão abandonando para sempre. Que tristeza!... Não consegui olhar. E não consigo mais escrever.

Zlata.

Domingo, 29 de novembro de 1992

Dear Mimmy,

Está frio. Como não há muita madeira, economizamos a que temos. A gente encontra no mercado, mas como tudo o mais, o preço é em marcos alemães, terrivelmente caro. Tenho a impressão de que essa madeira vem em parte das tílias, bétulas e plátanos do meu parque. Seu preço hoje é pago em divisas.

Braco Lajtner vem nos visitar todos os dias. A gente almoça junto e como ele está sozinho, fica aqui em casa até anoitecer. Depois volta para a casa dele. Uma casa vazia e fria. Que tristeza!

Mamãe continua indo buscar água e quando chove a gente recolhe água de chuva. Que é muito bem-vinda.

Os dias estão mesmo encolhendo, cada vez escurece mais cedo. À luz de uma vela, papai, mamãe e eu jogamos cartas, lemos ou conversamos. Ali pelas 9h00 chegam Boda, Žika e Nedo para ouvir a RFI e assim o dia chega ao fim. Os outros dias se passam quase do mesmo jeito. Tchau!

Zlata.

Quinta-feira, 3 de dezembro de 1992

Dear Mimmy,

Hoje é meu aniversário. Meu primeiro aniversário de guerra. Doze anos. Parabéns, Zlata. E feliz aniversário.

O dia começou com beijos e parabéns. Primeiro papai e mamãe, depois os outros. Papai e mamãe me deram três bolsinhas chinesas — com um estampado florido!

A eletricidade estava cortada, como sempre. Tia Melica apareceu com os filhos (Kenan, Naida e Nihad), me deram um livro de presente. Braco Lajtner também, claro. E esta noite, todos os vizinhos. Ganhei chocolates, vitaminas, um sabonete em forma de coração (de cor levemente alaranjada), um chaveiro com a fotografia de Maja e Bojana, um pingente com uma pedra de Chipre, um anel (de prata) e brincos (exatamente como eu estava querendo).

Havíamos arrumado a mesa bem bonita com pequenos croissants, raviólis grandões *(panzarotti)*, salada de arroz com peixe, creme azedo (de queijo *feta*), frios, *pita* e, evidentemente, o bolo. Mas não foi como de costume. É por causa da guerra. Por sorte não estavam atirando e a gente pôde festejar.

Estava bom, mas faltava alguma coisa, faltava a paz!

Sua Zlata.

Sexta-feira, 4 de dezembro de 1992

Dear Mimmy,

É terrível o que está acontecendo em Otes. Tudo está queimando. Daqui se ouve o canhão roncar o tempo todo, e olha que a gente está a dez quilômetros de distância. Entre as vítimas há um monte de civis. Estamos preocupados com tio Braco, tia Seka, Mikica e Dačo. Mamãe não desgruda do rádio. Ontem à noite tio Braco nos mandou um recado da central dos jornalistas. Que será que vai acontecer com eles? Até agora tudo estava indo superbem por lá. Não havia combates, eles tinham o que comer, ninguém teria acreditado que havia guerra. Não dá para dizer onde nem em que momento essa droga de guerra vai começar a roncar.

Zlata.

Domingo, 6 de dezembro de 1992

Dear Mimmy,

Uma notícia triste, triste. Otes inteira é uma ruína, tudo foi destruído pelas chamas. Queimou tudo. As pessoas morreram, fugiram, morreram quando estavam fugindo ou ficaram soterradas pelos escombros sem que ninguém pudesse ajudar. Houve pais que perderam os filhos, filhos que perderam os pais. É o horror. Mais uma vez o horror, o pavoroso.

Por sorte tio Braco, tia Seka, Mikica e Dačo conseguiram escapar sãos e salvos. Alguém levou tia Seka, Mikica e Dačo de carro e tio Braco fugiu a pé. Conseguiu correr apesar da perna, mesmo caindo diversas vezes. Se escondeu, depois atravessou o rio Dobrinja a nado e finalmente conseguiu chegar à RTV.

Ele havia fugido com Mišo Kučer (seu melhor amigo, os dois transmitiam informações de Otes). Num certo momento, Mišo foi atingido e caiu — morto. Ficou lá para todo o sempre. Tio Braco só teve tempo de arrastar seu corpo até uma casa, depois teve que fugir para não ser morto. É terrível. Terrível isso de sentir-se impotente e não poder ajudar o amigo. Oh, meu Deus!... Meu Deus, você que é tão bondoso, o que está acontecendo conosco?... Quanto tempo ainda isso vai durar?

Sua Zlata.

Quinta-feira, 10 de dezembro de 1992

Dear Mimmy,

Tio Braco e família estão entre as centenas de famílias de Sarajevo que perderam tudo, absolutamente tudo. Tudo foi destruído. Mas não perderam a vida. É o essencial.

Eles estão morando na casa da mãe de tia Seka. Vieram nos visitar. Estavam tristes, choraram. É terrível o que eles passaram. Estão precisando de paz e repouso. Mas como encontrar isso aqui? Vamos ajudá-los como pudermos. Mamãe lhes deu muita roupa, pois está frio e eles não têm nada. Os outros também ajudaram. E ainda vão ajudar. Que felicidade ainda haver gente boa sempre disposta a estender a mão a quem está precisando.

O mais arrasado é tio Braco. Chorou quando nos contou de Mišo. É HORRÍVEL!

Zlata, que ama você.

Terça-feira, 15 de dezembro de 1992

Dear Mimmy,

Nestes últimos dias não saio mais de perto de Mikica e Dačo. Estou tentando ajudá-los a esquecer os horrores por que passaram. Mas eles não conseguem. Passam o tempo relembrando tudo. Relembram os bombardeios, as destruições, o fogo. Tudo o que eles tinham também desapareceu nas chamas. Os brinquedos, os livros, as fotos, as recordações. A coisa de que Dačo mais sente falta é sua coleção de bonecos Alf. E Mikica, você sabe o que ela me disse? "Quando eu vejo ou falo de alguma coisa,

digo para mim mesma 'Isso eu tenho', depois me dou conta e penso 'Não, não tenho, não tenho mais nada'..."
É realmente insuportável. Mas não podemos fazer nada. A guerra tomou conta de nós, não nos larga mais.

Zlata.

Sexta-feira, 18 de dezembro de 1992

Dear Mimmy,

Mamãe encontrou Biljana Čanković (minha professora de piano) hoje. Ela se queixou de ter que continuar indo à escola para dar suas aulas e de não ter alunos. Dar as aulas sem ter alunos!...

Como era inevitável, muitíssimas crianças saíram de Sarajevo. Para as que ficaram, é perigoso andar pela cidade porque as granadas caem sem que você se dê conta. Assim, pode muito bem ser que Biljana Čanković perca o emprego porque ninguém assiste a suas aulas. Que coisa besta. Simplesmente ridículo.

Mamãe disse a ela que ia falar com a diretora segunda-feira. Espero que ela consiga resolver alguma coisa.

Para terminar, uma super novidade: Mirna vem me visitar e vai ficar para dormir.

Zlata, que ama você.

Quarta-feira, 23 de dezembro de 1992

Dear Mimmy,

UMA NOVIDADE! Vou voltar à aula de música. Para falar a verdade, não é bem assim: minha professora é que vai vir aqui em casa porque é muito perigoso para as crianças andarem pela rua. Mirna também se inscreveu. Começamos segunda-feira. Estou com medo. É isso, tchau!

Sua Zlata.

Sexta-feira, 25 *de dezembro de 1992*

Dear Mimmy,

Estamos no Natal. Um Natal de guerra. De todo modo as pessoas tentaram fazer uma bonita festa para as crianças.

Tia Radmila havia colocado meu nome na lista das crianças da Caritas. E graças a ela fui ver o show de Natal na sede da FORPRONU [Força de Proteção das Nações Unidas], no correio central. E o mais engraçado é que fomos até lá num caminhão de transporte de tropas — é, um autêntico, mais autêntico é impossível!

Quando estávamos indo, vi os edifícios da Vodoprivreda (ou melhor, o que restou depois do incêndio), da Elektoprivreda (horrível, com todas as marcas que ficaram), do UNIS (completamente queimado), do *Oslobodjenje** (medonho) e a antiga Manufatura dos Tabacos (um braseiro). Não conseguia acreditar no que estava vendo. Sarajevo está coberta de feridas, para não dizer completamente destruída.

No show havia Tifa, Goga Magaš, cinco garotas e um garoto que dançaram um negócio imbecil antes de fumar um cigarro. Alma, a que passa o tempo todo fazendo *Uauaaá!...* quando canta, mais as outras estrelas. Depois chegaram os presentes e as gulodices. As crianças se

(*) *Libertação*, principal jornal diário da Bósnia-Herzegóvina.

empurraram, quase deu briga. Não tive nem chance de comer alguma coisa porque não queria lutar para conseguir. O que você quer? Sou uma menina comportada e bem-educada. Madame Zlata... entrou pelo cano! Depois os soldados franceses cantaram. Fantástico. Havíamos saído ao meio-dia e voltamos às 17h00. Já estava tarde para voltar para casa, por isso dormi na casa de vovô e vovó.

Ainda estou na casa deles. A temperatura está agradável. Estou contando a eles tudo o que vi. Vovó está fazendo panqueca. Que delícia! Tchau.

Zlata.

Sábado, 26 de dezembro de 1992

Dear Mimmy,

Fomos fazer uma visita de Natal à tia Radmila. Ela nos recebeu superbem, havia um monte de coisas. Ganhei até um presentinho. Depois quisemos visitar Braco Lajtner mas ele não estava em casa. Só encontramos Vilma (é a tia dele, que está passando o inverno lá) e tia Mikica, a vizinha dela, que era também a melhor amiga da mãe dele. Ela estava sem ter como se aquecer, Braco ficou com pena e também a levou para a casa dele. Você sabe quantos anos ela tem? Oitenta e sete. Mas você precisa ver que forma!

Zlata.

Segunda-feira, 28 de dezembro de 1992

Dear Mimmy,

Quanta coisa eu fiz nestes últimos dias!

Hoje fiquei em casa. Tive minha primeira aula de piano. Que abraço apertado nós nos demos, Biljana Čanković e eu. Desde março a gente não se via. Depois nos dedicamos a Czerny, Bach, Mozart e Chopin — um estudo, uma fuga, uma sonata e uma peça. Foi uma barra. Mas, como não vou mais à escola, vou poder me dedicar ao piano. Que bom! Você sabe, Mimmy, na escola de música estou no quinto ano.

Estamos sem água — e quanto à eletricidade, a coisa vai mais ou menos.

Quando eu saio e não há tiros, fico com a sensação de que a guerra acabou, mas os cortes de água e eletricidade, o inverno, a falta de lenha e de comida me trazem para a realidade e percebo que a guerra continua por aqui. E por quê? Por que esses "moleques" não entram num acordo? Estão se divertindo à beça. A nossas custas.

Escrevo você sentada na mesa, dear Mimmy. Estou vendo papai e mamãe. Os dois estão lendo. Quando eles levantam os olhos do livro, ficam pensando. Em que eles pensam? No livro que estão lendo? Ou será que tentam recolher os pedaços que a guerra espalhou? Sinto uma coisa esquisita vendo os dois assim. À luz da lamparina (como nossas velas acabaram, fabricamos lamparinas com óleo) eles me parecem cada vez mais tristes. Olho para papai. Como ele emagreceu! Perdeu vinte e cinco quilos pesados na balança, mas quando olho tenho a impressão de que deve ter sido até mais. Dá a impressão de que os óculos ficaram grandes demais para seu rosto.

Mamãe também emagreceu muito. Parece que ela murchou, a guerra cavou rugas em seu rosto. Meu Deus, o que esta guerra fez de meus pais!... Eles já não se parecem com meu pai e minha mãe. Será que tudo isso acaba um dia, será que nossos sofrimentos em breve vão chegar ao fim para que eles voltem a ser o que eram — pessoas alegres, sorridentes, elegantes?

Esta guerra estúpida destrói minha infância e estraga a vida de meus pais. Mas POR QUÊ? STOP THE WAR! PEACE! I NEED PEACE!

Tudo bem, vou jogar uma partida de cartas com eles!

Zlata, que ama você.

Quarta-feira, 30 de dezembro de 1992

Dear Mimmy,

Amanhã à noite é a passagem do ano, vamos deixar para trás o ano velho e começar um ano-novo. No mundo inteiro. Evoco os réveillons passados, tento imaginar como vão ser as coisas no mundo normal. Mas aqui... em Sarajevo?!?

Em Sarajevo esperamos impacientemente o Ano-Novo para esquecer o velho o mais depressa possível — e esperemos que seja um ano de paz. É o que desejam os habitantes de Sarajevo (pessoas inocentes). É justamente porque somos inocentes que nosso desejo deveria se realizar. Não merecemos sofrer este martírio.

Zlata.

Sexta-feira, 1º de janeiro de 1993

Dear Mimmy,

BOM E FELIZ ANO-NOVO!

Que o ano-novo lhe traga paz, felicidade, amor, que famílias e amigos se reúnam.

Vou contar como foi nossa passagem de ano.

Primeiro, ontem de manhã, fomos (papai, mamãe e eu) desejar feliz aniversário a tia Melica. Almoçamos em casa dela. Ganhamos um presente de Ano-Novo: um vidro de cenoura ralada em conserva.

Quando chegamos em casa, mamãe foi buscar água e papai e eu ficamos. Quando ela voltou, ficamos sem fazer nada e depois preparamos sanduíches de margarina (mamãe tinha ganhado um pequeno pacote em seu trabalho e no pacote havia margarina), *kajmak* [creme fresco azedo] e patê. Delicioso! NHAM-NHAM!

Lá pelas 20h00 tiramos uma soneca. Tia Boda chegou, acordou todo mundo e fomos para a casa dela. Comemos *curka* (presuntada) e queijo emmenthal de verdade. Lá pelas 22h00 a gente estava começando a dormir quando alguém teve a ideia de ligar o rádio. Ouvimos os Nadrealisti.* Todo mundo estava com vontade de dormir. Pouco a pouco, chegou a MEIA-NOITE. Žika abriu uma garrafa de champanhe (que ele estava guardando para o fim da guerra, mas como está demorando, resolveu abrir hoje) e todo mundo se abraçou (a avó, Žika, Boda, papai, mamãe, Cici e eu). Estava faltando Nedo, mas ele estava passando o réveillon na casa de amigos. Papai e mamãe me deram um pente e uma presilha de cabelo, os Bobar,

---

(*) *Os Surrealistas,* movimento artístico de Sarajevo.

··· *114* ···

um ovo que toca música (ele tem um mecanismo por dentro), e SLIME. Mamãe ganhou dos Bobar um pouco de solvente e nós oferecemos algumas batatas, cebolas e repolho. E foi isso!

Aguentamos até 1h30 da manhã. Ao voltar, estávamos mortos de cansaço. Quando chegamos em casa já eram 2h00. Depois, dormimos como pedras.

Mais uma vez, desejo a você, Mimmy, e a todos os habitantes de Sarajevo um Bom e Feliz Ano-Novo.

Zlata, que ama você.

Terça-feira, 5 de janeiro de 1993

Dear Mimmy,

Recebemos hoje um pacote de Neda, de Zagreb. Ele conseguiu chegar por intermédio da Igreja Adventista. O pacote tinha todo tipo de coisa. Ficamos muito contentes e ao mesmo tempo tristes. Eu me regalei com as tangerinas, o chocolate e o frasco de Nutella.

Tia Irena, a professora dos cursos de verão, continua tomando conta da gente. Antes ela nos trazia um pouco de bom humor e agora, através da UNICEF, ela nos conseguiu calças Thermolactyl e pulôveres. Ela trouxe os meus hoje. A calça é vermelha, o pulôver é vermelho de listras brancas. Obrigada, tia Irena. Obrigada, UNICEF. Tchau.

Zlata.

Quarta-feira, 6 de janeiro de 1993

Dear Mimmy,

Está horrivelmente frio. O inverno se instalou na cidade para valer. Eu, que gostava tanto do inverno e esperava impacientemente que ele chegasse, agora o considero um hóspede indesejável em Sarajevo.

Nossas plantas gelaram. Estavam nos cômodos onde não fazemos fogo. Agora vivemos na cozinha. A gente põe lenha no fogão e consegue fazer a temperatura subir a 17°C. Cicko está conosco. Tenho medo de que ele adoeça, pois os passarinhos não gostam de frio.

Também trouxemos os colchões de ioga e dormimos na cozinha (nem queira saber quantos pulôveres e malhas vestimos por cima de nossos pijamas). Agora a cozinha funciona ao mesmo tempo como cozinha, sala, quarto e banheiro. A gente usa um método bem original para o banho: forramos o chão com plásticos, em vez de banheira temos uma tina de madeira, e uma concha funciona como chuveiro. Problema resolvido!

Papai ficou com frieiras de serrar lenha no porão gelado. Seus dedos estão todos inchados. Ele tem que massageá-los com um creme e a coceira é horrível. Coitado do papai.

Amanhã com toda a certeza vou para a casa de vovô e vovó. Eles têm aquecimento a gás.

Zlata.

Sexta-feira, 8 de janeiro de 1993

Dear Mimmy,

As "três partes beligerantes" estão discutindo em Genebra. Não acredito num acordo. Não tenho mais confiança em ninguém.

Nem sinal de água ou luz.

Amanhã, Mimmy, vou à casa de minha antiga professora (ela está aposentada) estudar matemática com Mirna. A gente tentou rever a matéria, mas acho que esquecemos muita coisa. Amanhã veremos.

Amanhã, também, mamãe e tia Ivanka vão ao Holiday Inn saber sobre o comboio esloveno. Quem sabe a gente viaja com esse comboio?

E agora a parte mais legal. Ontem tia Boda recebeu uma carta de Maja e Bojana. IUPII!!! Hoje eu li a carta. Elas vão superbem. Estão morando numa linda mansão de 100 m². Estão frequentando a escola. Comem todo tipo de coisa gostosa — tomate, salsicha de frango, queijo camembert —, NHAM! Elas têm muita saudade da gente e ficam muito tristes.

Zlata.

Sábado, 9 de janeiro de 1993

Dear Mimmy,

Mataram o marido de minha professora de tecnologia, o vice-primeiro-ministro da República Hakija Turajlić. Todo mundo diz que ele era um homem maravilhoso. Que burrice!

A aula de matemática com minha ex-professora foi boa. Aprendemos três pontos novos: as médias aritméticas, as proporções e as porcentagens.

Nada de água, nada de eletricidade.

Zlata.

Segunda-feira, 11 de janeiro de 1993

Dear Mimmy,

Está nevando. Um autêntico dia de inverno. Flocos enormes. Se pelo menos eu pudesse sair um pouco para andar de trenó, já que não posso subir a Jahorina... Mas é a guerra, Zlata! É proibido pela guerra. Você tem que ficar em casa, ver os flocos dançarem e ficar feliz com isso. Ou então, em sua cabeça, reencontrar os tempos de antigamente, dar-se um momento de tempo bom, depois voltar para a realidade da guerra.

Olho as pessoas que arrastam água. Para isso servem os trenós hoje em dia. Os nossos ficaram lá em cima, na Jahorina. Por isso a gente usa os da tia Boda.

Graças a Deus desta vez não ficamos muito tempo no porão. Estão atirando menos. Senão a gente teria congelado lá embaixo. Talvez eles pensem um pouquinho na gente, afinal de contas.

Zlata.

Sexta-feira, 15 de janeiro de 1993

Dear Mimmy,

Você sabe, a guerra continua. Mas além disso estou doente. Bu-uu. Ontem eu estava com dor de garganta mas sem febre. À noite passei pomada no pescoço, não estava mais doendo, mas eu estava às vezes com 37,5°C, às vezes com 38°C, às vezes com 38,5°C. E a aula de matemática amanhã? SNIFF!

Mirna veio me visitar. Nem chegou perto de mim.

Zlata.

Domingo, 24 de janeiro de 1993

Dear Mimmy,

Minha gripezinha acabou. Pude ir à aula de matemática ontem. Bom. Outra coisa. A eletricidade voltou. Mas só para os consumidores prioritários, coisa que nós não somos. Um de nossos vizinhos é. Ele fez uma ligação nos fios e nos fornece energia. Podemos aquecer um pouco o apartamento, acender o fogão, preparar pratos e assistir a televisão. Supergostoso! E a água voltou! Os habitantes de Sarajevo ficam felizes com qualquer coisinha. Tchau.

Zlata.

Terça-feira, 26 de janeiro de 1993

Dear Mimmy,

Estou me arrumando para ir ao aniversário de Nejra. Calcei minhas meias pretas (das grossas, claro), minha malha vermelha de gola olímpica, uma camisa branca por cima, a saia escocesa e o cardigã vermelho pesado. Como você pode ver, estou muito transada.

Foi um belo aniversário. Nosso presente para Nejra foi um coelhinho de pelúcia. Todo o pessoal do bairro estava lá.

Mimmy, você já notou que não estou mais falando em guerra e bombardeios? Deve ser porque agora virou rotina. Só peço que as granadas não caiam a cinquenta metros da nossa casa, que não falte lenha, água, e, evidentemente, eletricidade. Me acostumei, nem consigo acreditar, mas tudo indica que me acostumei. Como se acostuma com a rotina da luta pela sobrevivência, eu não sei. Tchau.

Zlata.

Segunda-feira, 1º de fevereiro de 1993

Dear Mimmy,

Estamos em fevereiro. Dentro de três dias teremos vivido dez meses de inferno, sangue, terror. Hoje é o aniversário de Kenan. Não está dando para ir até lá porque estão de novo atirando. Eu pensava que ia parar, mas não, a guerra continua.

Zlata.

Sexta-feira, 5 de fevereiro de 1993

Dear Mimmy,

Hoje festejamos ao mesmo tempo os aniversários de Žika e Bojana. (Hoje é o aniversário de Bojana, o de Žika foi no dia 2 de fevereiro.) Fico tentando imaginar como terá sido o aniversário de Bojana Bobar na Áustria. Com certeza não teve lamparinas, sanduíches de presuntada e *feta*, biscoitos, chá, marzipã de farinha e *hurmašice* de guerra como aqui.

Estamos sem notícias de Maja e Bojana. Espero que estejam bem. Faço os exercícios de matemática, ou então toco piano. Mirna está louca para acabar a quinta série na escola, depois a sexta, e entrar na sétima. Para ficar com a impressão de ter crescido. Quanto a mim, sei lá. Mas o que eu sei, em compensação, é que a guerra nos roubou anos de nossa vida e de nossa infância.

Além de Braco Lajtner, Seka (a irmã de Bokica) também vem a nossa casa. Ela não tem como se aquecer, então fica conosco até anoitecer, depois volta para a casa dela. Muitas vezes ela até dormiu aqui.

Zlata.

Segunda-feira, 8 de fevereiro de 1993

Dear Mimmy,

Bajo e Goga vêm nos visitar. São amigos nossos. A filha deles, Tia, tem dezesseis anos. Está na Tchecoslováquia. Eles estão sozinhos. De vez em quando recebem notícias dela pelos radioamadores, mas é raro receberem uma carta. Eles ficam tristes por isso. Uma carta, aqui, é um verdadeiro tesouro, uma grande alegria, apesar de que todas as cartas que recebemos nos enchem os olhos de lágrimas. Eles recebem pacotes do irmão de Bajo que está em Belgrado e sempre que recebem vêm trazer carne para mim e cigarros e café para papai e mamãe. Papai e mamãe ficam contentes.

Sua Zlata.

Sexta-feira, 12 de fevereiro de 1993

Dear Mimmy,

Outra vez: acabou a energia elétrica, até para os consumidores prioritários. Estamos de novo no escuro, é preciso voltar a serrar madeira. E eu, que estava gostando tanto de tocar escalas, de andar na companhia de Mozart, Bach e os outros! Não dá mais. No quarto onde está o piano faz um frio do cão. Será que o quarto vai ficar "perigoso" de novo? Tomara que não!

Mirna esteve aqui hoje, fizemos alguns exercícios de matemática, depois brincamos com nossas bonecas Barbie.

Zlata.

Segunda-feira, 15 de fevereiro de 1993

Dear Mimmy,

Ontem foi o aniversário de Haris. Estava legal. Havia um monte de gente. Na realidade estava mais que legal, pois os "grandes" não ficaram discutindo política sem parar. Não aguento mais política. ARGH!

A série dos aniversários de fevereiro chega ao fim com o de Haris. Azar. Adoro aniversários, pois eles me lembram a paz (claro, quando não há tiros de canhão).

Sua Zlata.

Sábado, 20 de fevereiro de 1993

Dear Mimmy,

Ontem aconteceu uma coisa espetacular. Vieram uns franceses nos visitar. É, franceses! De verdade! Me fizeram algumas perguntas, queriam saber uma porção de coisas e acabaram dizendo que iam fazer uma reportagem a meu respeito. Vamos filmar na Biblioteca da Universidade de Viječnica. Vai ser legal ver a biblioteca (ela queimou) e... na frente de uma câmera!

Zlata.

Terça-feira, 23 de fevereiro de 1993

Dear Mimmy,

A reportagem entrou pelo cano. Não há energia elétrica, não há cinegrafista, impossível filmar. Azar da Viječnica. Estou realmente desapontada, mas... o que você quer?... caso de força maior!

Ontem papai e mamãe falaram com os pais de Mirna: vão se informar para tentar organizar aulas particulares. Assim Mirna e eu vamos poder estudar juntas e nossos pais nos ajudariam quando a gente não entendesse e ia ser bom para todo mundo. E pelo menos a gente acabava o programa. Vamos ver no que dá! Primeiro, é preciso saber na escola se é possível. Quanto ao comboio, nada feito. Estou com um palpite de que vamos ter que desistir. Não dá mais para sair de Sarajevo. Eles não deixam. "Eles" quem? Ah, que diferença faz?... Vamos ficar por aqui e um dia isso acaba. Talvez os "moleques" encham o saco de se divertir.

Sua Zlata.

Quinta-feira, 25 de fevereiro de 1993

Dear Mimmy,

Recebemos uma carta de Keka e Neda. Uma vez mais, choramos lágrimas amargas. Para elas também as coisas estão meio complicadas.

Tia Ivanka recebeu um pacote de Belgrado e veio me trazer um monte de coisas. Chocolate, presunto (NHAM!), um pacote de purê desidratado, açúcar, café, macarrão. Obrigada, tia Ivanka! Tia Radmila me trouxe leite em pó. Todo mundo se lembra de mim, pobre criança que tem vontade de tudo! Recebi três cartas de crianças francesas através de uma organização humanitária. Cartõezinhos de Ano-Novo que chegaram com muito atraso. Eram cartões cheios de amor e de esperança de paz para Sarajevo. Num dos envelopes também havia canetas coloridas; aproveitei as canetas para mandar todo o meu amor a essas crianças.

Zlata.

Segunda-feira, 1º de março de 1993

Dear Mimmy,

A ideia de organizar aulas aqui em casa não deu certo. Não vai ser possível porque estão pensando seriamente em reabrir as escolas. Reabrir as escolas!? Mas as escolas de meu setor da cidade estão inutilizáveis ou então funcionam como abrigos de refugiados. Para onde ir, então? Mencionaram o Instituto Pedagógico (fica perto daqui). Seria legal se desse certo.

Sua Zlata.

Sexta-feira, 5 de março de 1993

Dear Mimmy,

O gás está chegando em nosso bairro, que fica na margem esquerda do Miljacka. Mas como vamos fazer para conseguir gás? Um de nossos vizinhos, Enver, nos ajudou. Ele tem uma instalação de gás e nos deixou fazer uma extensão. Žika, Avdo e papai brincaram de "ases do gás". Instalaram um bico de gás em nosso antigo fogão e agora está quentinho aqui em casa. Papai não precisa mais serrar madeira — nossos móveis, na realidade. Também conectamos um fogareiro e agora estamos usando gás para cozinhar. UM BARATO! Tudo está muito melhor, estamos começando a respirar. Voltamos a dormir num canto da sala e o apartamento fica mais bonito assim.

Zlata.

Quarta-feira, 10 de março de 1993

Dear Mimmy,

Um problema terrível. Acabou-se a comida do Cicko. Já não se encontra comida de pássaro em lugar nenhum da cidade. Que fazer?

Estamos cozinhando arroz para ele, mas ele não quer. Tia Ivanka trouxe arroz integral para ele, ele dá umas bicadinhas. Feijão ele nem toca. A única coisa que sobra é migalha de pão, ele come algumas, por assim dizer. Todo mundo está tentando ajudar. Queremos salvar nosso Cicko, será que ele vai morrer de fome?

Hoje mamãe trouxe comida de pássaro de verdade, que ela conseguiu com tia Radmila e uma outra colega.

Elas tiraram do bico de seus passarinhos queridos. Mimmy, se você visse Cicko comendo! Mas não temos coragem de dar muito de uma só vez, poderia fazer mal a ele. E a comida que temos só dá para uns poucos dias.

Esta noite, quando veio ouvir a RFI, Žika trouxe um saquinho de preciosos grãos para Cicko. Que sortudo você é, Cicko! Todo mundo se lembra de você. E agora você está até com reservas. Não está correndo o risco de morrer de fome!

Os pássaros também estão dividindo a comida que têm. Os pássaros se ajudam uns aos outros, como os homens. Como estou contente! Regale-se, Cicko!

Zlata.

Segunda-feira, 15 de março de 1993

Dear Mimmy,

Fiquei doente de novo. Estou com dor de garganta, espirro, tusso. E a primavera está chegando. A segunda primavera de guerra. Sei por causa do calendário, pois a primavera é uma coisa que eu não vejo, que não dá para ver porque não sinto. Só vejo uns pobres infelizes que continuam arrastando água e outros ainda mais infelizes, homens jovens, sem um dos braços ou uma das pernas. São os que tiveram a sorte — ou o azar — de não serem mortos.

Não há mais árvores que a primavera desperta, não há mais pássaros, a guerra destruiu tudo. Não há mais gorjeios primaveris. Não restam nem os pombos, símbolo de Sarajevo. Não há mais gritaria de criança, não há mais brincadeiras. As crianças não parecem mais crianças. Tiraram a infância delas, e sem infância não há crianças. Tenho a impressão de que Sarajevo está morrendo lentamente, desaparecendo. É a vida que está desaparecendo. Então, como eu poderia sentir a primavera, ela que desperta a vida, se aqui não existe mais vida, se aqui tudo parece morto?

Estou triste de novo, Mimmy. Mas você deve saber que é cada vez mais frequente eu estar triste. Fico triste quando penso, e preciso pensar.

Sua Zlata.

Sexta-feira, 19 de março de 1993

Dear Mimmy,

Uma novidade. Nedo arranjou trabalho na FOR-PRONU. Como tradutor para os observadores. Ontem à noite apareceu com seu capacete e seu colete à prova de balas, dei de cara com ele na porta. Quase levei um susto. Na mesma hora fiz questão de experimentar o capacete e o colete — puxa vida, que coisa pesada! Eu mal conseguia ficar de pé com aquilo tudo. Essa é a boa notícia. No mais, nada de especial. AZAR. Tchau.

Zlata.

Quinta-feira, 25 de março de 1993

Dear Mimmy,

Slobo está muito doente. Está no hospital. Desde que Doda foi embora, ele não vai nada bem. Ficou doente por causa da tristeza. A guerra partiu sua vida. Doda está na Eslovênia, e Deja, em Subotica com a mãe. Slobo ficou sozinho. Hoje sua companheira é a doença. E ela não sai

··· 127 ···

mais de perto dele. É uma coisa grave. Eu mesma não sei o que é doença, só conheço febre e dor de garganta, mas pelo que dizem Slobo está muito mal. Papai e mamãe foram visitá-lo no hospital. Disseram que está com uma cara péssima e que se sente muito mal. Estão falando até em aplicação de raios. Estou muito triste por causa de Slobo!

Sua Zlata.

Sábado, 27 de março de 1993

Dear Mimmy,

Os dias vão passando e não vemos nada de bom surgir no horizonte. Até parece que estamos atolados. A gente vai afundando na lama e ninguém nos estende a mão para nos salvar. Estamos na lama, esperando. Se pelo menos houvesse comboios... Para qualquer lugar — eu me sentiria melhor que aqui. Sinceramente, Mimmy, não entendo por que eles não deixam as pessoas irem embora. Se continuar assim, vamos todos morrer ou então enlouquecer.

No entanto temos um raiozinho de sol: hoje recebi uma visita. Dois jornalistas franceses. Dois rapazes superlegais. E o mais sensacional da história é que falei o tempo todo em inglês com eles.

Eles embelezaram este dia. Um dia que havia começado como todos os outros — eu estava entediada, pensando quanto tempo isso tudo ainda vai durar. Mas não, o dia acabou bem.

Zlata.

*Na escola de música,
as aulas ficaram muito irregulares.*

Zlata é uma devoradora de livros.

*O abastecimento de água foi cortado.
Zlata acompanha o pai, que busca água longe de casa,
sob a ameaça dos francoatiradores.*

Segunda-feira, 5 de abril de 1993

Dear Mimmy,

No dia 31 de março voltei para a escola. Na escola nos dividiram em 6ª 1 e 6ª 2. Estou na 6ª 2. Com Anesa, Nežla, Nerma e outras garotas que não conheço. Não é como antes, mas não me incomodo. O importante é ir à escola e se chatear menos. Temos todas as aulas, só não temos educação física e tecnologia.

Nossa mestra de classe se chama Zlata Grabovac. Ela é SUPERLEGAL. O professor de matemática gosta de zoar, mas não entendo direito a aula dele, e a mestra de classe tem que me explicar de novo depois. Enisa (a professora de servo-croata) é bem legal, é jovem, simpática. Azra é a deusa da biologia. Branislava (história-geografia) explica devagar e com calma, mas na hora das notas sacaneia. Marija (física) — sem comentários. OK. Vlasta (inglês) disse que estou ótima. As aulas de desenho são dadas por uma professora que pensa que todos nós somos PICASSOS, REMBRANDTS ou VAN GOGHS. Slavica (música) a gente já conhece (ela não emagreceu, só que está com cabelos grisalhos e mais pálida).

Pronto, Mimmy, agora você já conhece nossos professores.

Sua Zlata.

Quinta-feira, 8 de abril de 1993

Dear Mimmy,

Uma notícia terrivelmente triste! Nosso adorado Cicko morreu. Simplesmente caiu de costas e fim. Não estava doente. De repente.

Ele cantava. Agora não estava mais sentindo frio. Tinha conseguido atravessar o inverno, a gente tinha arranjado comida para ele. E ele larga tudo. Vai ver que também estava cansado desta guerra. Juntou tudo — o inverno, a fome, e agora ele foi embora para sempre. Chorei, mas mamãe ficou ainda mais triste que eu. Ele vai fazer uma falta enorme. A gente gostava tanto dele, ele era da família. Vivia conosco há sete anos. Um tempão. Papai enterrou ele no pátio. A gaiola ficou vazia. Nosso Cicko morreu.

Sua Zlata.

Quinta-feira, 15 de abril de 1993

Dear Mimmy,

Já faz sete dias que Cicko não está mais aqui. A gente está sentindo falta dele. Ele deixa um grande vazio. Sempre tenho a impressão de que estou ouvindo ele cantar, mas Cicko não está mais aqui, não canta mais. E a vida continua.

Tirei 5 em meu dever de servo-croata, 5 em biologia, dois 5 em inglês, dois 5 em desenho, e acho que vou tirar 4 na verificação de história.

Graças a Nedo, muitas vezes consigo uma coca-cola, guloseimas e salsichas de frango, adoro. Ele me traz essas coisas da FORPRONU.

Zlata.

Sábado, 17 de abril de 1993

Dear Mimmy,

Seka está desesperada. Parece que vai ter que sair do apartamento de Bokica. Aqui, Mimmy, há um monte de refugiados, de gente que não tem onde morar, gente que não tem onde morar por causa da guerra. Pessoas que foram expulsas, incendiaram as casas delas. Essas pessoas são obrigadas a procurar um teto. O problema é que não tem tanto teto assim. Claro, tem uma porção de apartamentos vazios, das pessoas que saíram de Sarajevo. Os desabrigados acharam um teto nesses apartamentos, mas parece que a coisa está se complicando. Alguns estão indo embora de Sarajevo, outros estão vindo para Sarajevo. Uma desgraça expulsa a outra. Horrível. Nunca entendo nada. Na realidade, não entendo nada desta guerra. Só o que sei é que ela é imbecil. Ela é a causa de tudo. Seja como for, não vai fazer a felicidade de ninguém.

A situação política é uma idiotice. Uma ENOOORME idiotice, é mesmo! Não sei o que fazer, continuar a viver e a sofrer, continuar a esperar, ou achar uma viga, uma corda e... Mais uns anos assim e vou ter vinte anos; se a coisa continua — "como no Líbano", é o que dizem —, vou ter trinta. Minha infância terá passado, minha juventude terá passado, minha vida terá passado. Vou morrer e esta guerra ainda não vai ter acabado. E quando mamãe me diz: "Vamos embora daqui, Zlata", fico com vontade de me matar. Como se lá fora só estivessem esperando por Alicas, Maliks e Zlatas...

Sua Zlata.

Segunda-feira, 19 de abril de 1993

Dear Mimmy,

Cresci, sabe? Não tenho mais nenhuma roupa para vestir. Tudo ficou pequeno, apertado, curto. A roupa fica estourando.

Combinamos com Braco que vou dar uma olhada nas coisas de Martina, Keka em sua carta também disse para eu dar uma olhada nas dela.

Hoje fui à casa de Braco. Entrei no quarto de Martina e Matej, o quarto está vazio, só ficaram as fotografias deles e uma ou outra coisinha que eles não precisaram levar; as janelas estão quebradas, está tudo cheio de pó. E estão faltando eles. Um quarto triste, tão triste quanto eu.

Levei um tempinho para me lembrar do que tinha ido fazer lá. Nas coisas de Martina achei uma saia preta de patchwork, tênis brancos, sapatos de chuva e outros mais finos.

Lembro-me de uma frase de Keka em sua carta: "Minha querida Zlata, pegue tudo o que tiver vontade de pegar e se for possível aproveite bem, porque ninguém sabe o dia de amanhã, lembre-se disso!".

A coisa de que eu mais tenho vontade é de Paz. A coisa de que eu mais tenho vontade é de que eles voltem, que voltem todas as pessoas que eu perdi. Tchau!

Zlata.

Domingo, 25 de abril de 1993

Dear Mimmy,

Mais uma notícia triste para lhe contar. Bobo morreu. O filho da tia Disa. Foi morto no jardim de tia

Melica. Um francoatirador. É desesperador. O jardim estava cheio de gente e foi nele que o francoatirador mirou. Que desperdício! Um homem fantástico. Deixa uma filhinha de quatro anos, Ines, refugiada junto com a mãe.

Tia Disa ficou louca com o sofrimento. Ela passa o tempo todo repetindo: "Pode ser que ele não tenha morrido. Não, eles estão enganados. Meu filho vai voltar...".

É horrível, Mimmy, não consigo mais escrever.

Sua Zlata.

Terça-feira, 27 de abril de 1993

Dear Mimmy,

Desde ontem temos vizinhos novos. Haris e Alemka (ou Alenka, não sei se o nome se escreve com um "m" ou com um "n"). Os dois se casaram ontem. Vieram morar em casa de Nedo. Nedo generosamente abriu as portas de seu apartamento para eles e agora os três estão morando juntos. Nedo e Haris são amigos (os dois são refugiados de Grbavica). Nedo foi testemunha do casamento. A grande família dos vizinhos está crescendo. Hoje recebemos um pacote de Keka. Dentro do pacote, como sempre, havia uma porção de coisas. Com um brinde extra: Milka, um chocolate. Tchau!

Zlata.

Quarta-feira, 28 de abril de 1993

Dear Mimmy,

Estamos voltando da casa de Haris e Alenka. Fomos conhecê-los e apresentar nossos votos de felicidade. A gente só se casa uma vez! Nedo também estava lá. Passamos momentos agradáveis, mas o tiroteio estava brabo. Parece que caiu uma granada em cima do Hotel Belgrado, outra no abrigo da rua Dalmatinska. Hoje o nosso maldito francoatirador (que chamamos "Jovo") estava com um humor um pouquinho melhor. Esse cara não é normal, não é possível! Olha só, ele acaba de fazer um disparo, só para nos fazer dançar. Tchau!

Zlata.

Domingo, 2 de maio de 1993

Dear Mimmy,

Você se lembra do dia 2 de maio de 1992, o dia mais infernal desta porcaria de vida? Muitas vezes digo para mim mesma que com toda a certeza aquele não foi o pior dia, só foi o primeiro, o primeiríssimo dia verdadeiramente ruim, e é por isso que penso nele como se tivesse sido o pior. Não consigo tirar da cabeça o mau cheiro do porão, a fome, os vidros se arrebentando, o terror quando as granadas explodem. Ficamos doze horas sem comer nem beber nada, mas o pior era o medo, ter que ficar encolhido num canto do porão sem saber o que ia acontecer. Sem entender o que estava acontecendo. Até hoje, só de pensar naquilo fico toda arrepiada.

Hoje faz um ano daquele dia. Um ano durante o qual todos os dias foram dias 2 de maio. E continuo viva, saudável, meus pais estão vivos e saudáveis. Às vezes temos energia elétrica, gás e uma ou outra coisinha para comer. Aí a gente vai em frente, CONTINUA. Mas sabe-se lá até quando...

Zlata.

Segunda-feira, 3 de maio de 1993

Dear Mimmy,

Hoje tia Boda e Žika receberam uma carta de Bojana e Maja. Elas vão bem — comem, bebem, batem boca, se irritam...

Além das cartas, lemos o dicionário bósnio. Não sei o que dizer para você, Mimmy. Uma coisa é certa: tem um montão de palavras com "H" que até agora eram consideradas erros de ortografia.* O que você acha disso?

Há muito tempo não escrevo sobre minhas leituras. Aí vai a lista: *Os marinheiros célebres, Três corações, Uma faísca de vida, As anotações de Ana, O rosto nu, A ira dos anjos, O clube dos cinco, O homem, A mulher e as crianças, O direito territorial, A filha de outro, Sou uma ex-drogada, O desprezo* e... e muitas vezes também gosto de olhar as fotografias dos livros de cozinha, o que me dá a sensação de ter comido o que vi.

Zlata.

(*) Na pronúncia bósnia do servo-croata, muitas letras são pronunciadas com o som de "KH" (correspondente à letra H na pronúncia inglesa de *home*, por exemplo). Zlata chama a atenção para o fato de que o dicionário bósnio adota uma ortografia que traduz essa pronúncia.

Terça-feira, 4 de maio de 1993

Dear Mimmy,

Estou pensando outra vez em política. Por mais que eu diga para mim mesma que essa divisão entre sérvios, croatas e muçulmanos é uma besteira, uma coisa horrível, insensata, é exatamente isso o que está acontecendo com essa sacanagem que é a política. Todo mundo aguardando, esperançoso de que alguma coisa aconteça... e nada! Até parece que o plano Vance-Owen vai ser mais um, não vai dar em nada. E agora estão pegando os mapas, mudando o desenho deles, separando as pessoas — só que não perguntam nada a ninguém. Os "moleques" estão se divertindo à beça com a gente. As pessoas como nós não querem saber dessa divisão porque ninguém vai ficar feliz com ela, nem os sérvios, nem os croatas, nem os muçulmanos. Perguntar a opinião de pessoas como nós? A política só está interessada na opinião de gente dela.

Sua Zlata.

Quinta-feira, 6 de maio de 1993

Dear Mimmy,

Hoje tivemos teatro em domicílio.

Eu estava lendo tranquilamente quando de repente alguma coisa atravessou a sala. Você sabe o que era, Mimmy? Um ratinho. Tão pequeno que mal consegui perceber o que era. Atravessou a sala e foi se enfiar debaixo da estante de livros, numa saliência da parede. Mamãe começou a gritar. Subiu numa cadeira, depois fugiu para o meu quarto. Se pudesse, ela teria fugido de casa, mas... ESTAMOS EM GUERRA.

Ficamos sem saber o que fazer. Ia ser preciso pegar o rato. Mas como? Fui correndo buscar Cici (em matéria de rato, nada melhor que um gato), papai e Braco pegaram ferramentas, chaves de fenda, tudo, e começaram a desmontar a estante de livros, tábua a tábua. Cici de tocaia, papai e Braco retirando os parafusos e eu tirando os livros da estante. E mamãe? Ora, claro que ela estava esperando em meu quarto. Depois que a estante foi inteirinha desmontada encontramos o buraquinho na parede por onde o rato tinha fugido. Tapamos o buraco com gesso, pusemos tudo no lugar e tentamos convencer mamãe de que já dava para ela voltar e circular normalmente pelo apartamento.

Mamãe não está com uma cara muito convencida, continua tensa. Trouxemos Cici para dentro do apartamento, agora ela dorme conosco e mamãe fica um pouco mais calma (pelo menos eu espero). O rato fugiu e com certeza não volta mais. Mamãe está convencida do contrário.

Pensávamos que havíamos resolvido nosso problema de rato quando começamos a ouvi-lo raspar a parede. Está tentando voltar. É completamente maluco, será que não entende que não queremos saber dele aqui em casa? É, Mimmy, claro, é um animal...

Mamãe está ficando doida. Vai ser preciso que eu faça alguma coisa. Vou discutir a questão com Cici para que ela nos livre desse rato. Tchau!

Zlata.

Sábado, 8 de maio de 1993

Dear Mimmy,

Hoje no caminho da escola de música vi de novo o mercado. Nada, Sarajevo não está precisando de nada. As pessoas vendem de tudo.

Fiquei pensando de onde vinham todas aquelas coisas e me lembrei da primeira vez em que vi as ruas de Sarajevo em guerra, me lembrei das lojas destruídas e saqueadas... Não, não é possível, quem teve coragem de fazer uma coisa dessa? Quem, estou me lixando. Roubar coisas é feio, mas muito mais feio ainda é revendê-las hoje por moeda estrangeira forte... E você precisava ver as comidas que estão vendendo! E as pessoas passando fome, com desejo de tudo. Como você vai comprar alguma coisa se um ovo custa 5 DM (marcos alemães), o chocolate 20 DM, os biscoitos 40 DM, o café 120 DM? Só para enumerar algumas coisas. Quem tem dinheiro para comprar tudo isso? Não pessoas como nós, comuns. Enfim, melhor para os outros... Eu tenho Nedo, que nos traz pacotes. Mais tia Radmila, tia Ivanka, Goga e Baja, tia Melica, tia Boda, vovô e vovó, e... e... e... um monte de outras pessoas legais.

Com certeza o mercado, o mercado negro, não vai durar mais muito tempo. Sem dúvida as lojas vão reabrir para os fregueses comuns. As pessoas comuns, como nós, Mimmy, recebem pacotes, e agora, para SOBREVIVER, plantam verduras onde e como podem. As janelas e os terraços se transformaram em hortas. Em vez de flores, as pessoas cultivam alface, cebola, salsa, cenoura, beterraba, tomate, sei lá o que mais. Lá em casa, em vez de nossos magníficos gerânios, temos alface, cebola, salsa e cenoura. Demos o resto das sementes a tia Melica, porque ela tem uma horta. Tchau!

Zlata.

Sexta-feira, 14 de maio de 1993

Dear Mimmy,

Oi! No momento são 21h20 e estou sentada à mesa em meu quarto. A porta está aberta e ouço a RFI na cozinha. Na cozinha estão Žika, Boda, Nedo, Haris, Alemka (suponhamos que se escreva com "m"), papai e mamãe.

Esta é a primeira vez que Haris e Alemka vêm a nossa casa. Eles são o máximo. Claro, pois são amigos de Nedo! Esta noite jantei com eles. Comi três *panzarotti* e meio (de Boda) e quatro panquecas (de Alemka). Estou empanturrada. Vou ter que beber um barril de água.

Fora isso, tia Boda recebeu ontem uma carta de Maja e Bojana. As duas vão superbem, estão superbem na Áustria.

Uma novidade sensacional! Nedo vai embora de Sarajevo (não por muito tempo). Vai para Zagreb ou para Split. Como trabalha para a FORPRONU, tem direito a tirar férias. Pode ser que vá visitar a noiva. Bem que ele merece.

No Ocidente, quer dizer... na escola, nada de novo. Tiro 5 em tudo.

Zlata.

Segunda-feira, 17 de maio de 1993

Dear Mimmy,

Todo mundo lá em casa está nervoso (nossa tranquilidade acabou por causa daquele rato). Ele não faz barulho, desaparece durante vários dias, depois começa de novo a raspar. Papai arranjou visco. Estou com medo de que mamãe enlouqueça.

Cici não está mais muito interessada no rato. Sabe por quê, Mimmy? Ela está apaixonada. Você não acredita? Juro que é verdade. Hoje, da janela, acompanhei o namoro dela com um gato em cima do telhado. O gato estava chegando, os dois se olharam, depois se aproximaram um do outro. Começaram a se cheirar, parecia que estavam se beijando. Depois o gato foi embora e Cici ficou lá, toda derretida, miando sem parar.

Nedo viajou hoje. Boa viagem, Nedo, e volte depressa! Papai acha que ele não volta mais, mas eu quero que ele volte e acho que ele vai voltar.

Sua Zlata.

Quinta-feira, 20 de maio de 1993

Dear Mimmy,

Cortei o cabelo. Bem curto. Mamãe fica me olhando com uma cara gozada. Ela acha que fiquei esquisita. Mas eu gostei. Fiquei com vontade de mudar alguma coisa, estou cansada disso tudo, então pronto, Mimmy, mudei de cara.

Seka vai ser expulsa, afinal. Nos últimos dias, mamãe tem ido ajudá-la a embalar as coisas de Bokica. Quando volta, mamãe fica muito triste. É a vida de Bokica e Srdjan que ela está empacotando, pois essas coisas na realidade são a vida deles. Mamãe trouxe um álbum de fotografias e também algumas coisinhas que são deles; o resto vai para o porão. Como se os bombardeios estivessem começando de novo. Bokica e Srdjan não estão sabendo de nada. Estão em Dubrovnik e lá não dá para receber cartas, nem mandar, aliás. Talvez seja melhor eles não saberem de nada.

Sua Zlata.

Terça-feira, 25 de maio de 1993

Dear Mimmy,

Nedo voltou. Está vendo, Mimmy, eu é que tinha razão, não papai. Nedo estava em Split com a noiva, que veio da Áustria. Especialmente para se encontrar com ele. Ele conta que estava um pouco perdido, mas que de todo jeito tomou banho de mar (o mar... o que é o mar?) e que continuava sabendo nadar. Ficou bronzeado (está marrom), passeou na riva,* foi ao bar e comeu todo tipo de coisa. Mas não esqueceu da gente. De nenhum de nós. Todo mundo ganhou um presentinho. Eu ganhei um par de chinelos, dois pares de meias-calças que Amna, a noiva dele, comprou especialmente para mim, chocolate Milka e um saquinho de superbalas.

Enfim, aí está Nedo de volta, vamos poder enfrentar juntos as angústias da guerra.

Hoje resolvemos definitivamente o problema do rato. Ele entrou no visco, ficou colado — e dançou. Acabou-se o problema. Acabou-se o calvário de mamãe. Estávamos histéricos com o bicho.

Cici nos adotou, vem mais vezes a nossa casa. O gato não; se faz de difícil; e ela mia sem parar atrás dele, mia de noite, não nos deixa dormir, quer sair. Nedo e tia Boda estão querendo dar Apaurine a Cici à noite — um comprimido de verdade. Acalma o nervosismo feminino. Segundo o médico de mamãe.

Zlata.

(*) Avenida à beira-mar no litoral dálmata.

Segunda-feira, 31 de maio de 1993

Dear Mimmy,

Estou desanimada. Entediada. Deprimida.

Em primeiro lugar, não tem escola por causa dos festejos do Bairã. Em segundo lugar, a pouca eletricidade que a gente tinha e que vinha da casa do vizinho acabou, portanto nada de música, nada de filmes, nada de luz. Vamos ficar outra vez no escuro, sem nada para fazer. Papai ouve tanta notícia que chega a dar depressão. Em terceiro lugar, desde quinta-feira os bombardeios estão terríveis. Ai! Ontem, das 4h00 da manhã às 10h00 da noite. Um verdadeiro dilúvio. Três ou quatro granadas por minuto. Oi, porão, tudo bem com você? Esta manhã anunciaram que a FORPRONU tinha contado mil cento e poucas granadas, e segundo Nedo isso é apenas 60% do total exato porque a FORPRONU só consegue contar 60% das granadas lançadas. O que significa mais ou menos duas mil granadas. É o que eu lhe disse, três ou quatro por minuto. É por isso que estou deprimida. Vai começar tudo de novo? Desculpe, estou irritada. Não se zangue comigo, depois passa.

Zlata.

Terça-feira, 1º de junho de 1993

Dear Mimmy,

Oi! Como você está vendo, hoje é 1º de junho, aniversário de Maja, Kurban-Bairã, terça-feira, e o segundo 1º de junho de guerra. Ontem meu humor estava péssimo, hoje melhorou um pouco. Estamos acabando de cear.

Você sabe, esta manhã, ao meio-dia e à noite comemos comida fria, pois o gás foi cortado ontem.

Depois da água e da eletricidade, o gás. Estamos à beira do suicídio. CATÁSTROFE TOTAL. Mimmy, não aguento mais. Estou com o saco cheio de tudo. Estou terrivelmente cansada de toda essa m... Me desculpe o palavrão, mas não aguento mais. Chega! As possibilidades de que eu me mate aumentam cada vez mais, se todos esses cretinos lá de cima ou aqui de baixo não me matarem antes. Estou farta. ESTOU COM VONTADE DE GRITAR, DE QUEBRAR TUDO, DE MATAR. Sou apenas um ser humano e tenho limites. Como estou sofrendo!

DA PRÓXIMA VEZ MEU HUMOR VAI TER MELHORADO.

Vou começar a chorar!

AAAAH! PRONTO, COMEÇOU.

Fipa, que ama você.

Terça-feira, 8 de junho de 1993

Dear Mimmy,

Já estamos em junho. Meu Deus... Hoje tirei 5/5 na prova de matemática, estou HAPPY. Mas tenho que aprender minha biologia, e estou UNHAPPY.

Mimmy, tenho saído um pouco com as garotas da classe. Tudo bem, mas não cem por cento.

Depois de não sei quantos Apaurine, Cici se acalmou, mas o gato sumiu. Um sem-vergonha de um atrevido. Seduziu Cici, depois largou. É o fim.

Zlata.

Quinta-feira, 10 de junho de 1993

Dear Mimmy,

São exatamente 9h30. Papai acaba de sintonizar a Deutsche Welle, Nejra batuca no piano e vai cantando umas letras inventadas na hora, mamãe está no trabalho e eu em casa. Como você vê, não estou na escola.

De manhã, saio da cama às 7h00; lavo o rosto; escovo os dentes; me visto; tomo meu ferro e minhas vitaminas; vou à aula — quando há alunos em número suficiente. De nossos professores, só Vlasta e a professora de desenho estão no colégio, e as duas nos informam que NÃO HÁ AULA. Uma ordem. Será que os bombardeios vão recomeçar? Não há escola, não há aula — nem na escola de música — e estou trancada em casa. Que tédio. Não sei o que escrever.

Ah, Mimmy, me lembrei. Na terça-feira aconteceu uma coisa incrível. Vi ISMAR RESIC. Na quarta série ele era apaixonado por mim; depois ficou mais "frio". Na classe ele sentava bem na minha frente e de Mirna. Era minúsculo, Mimmy, menor que eu, e agora está com 1,70 m. Dobrou de tamanho. Está gigantesco. E se você ouvisse a voz dele! Graaaave! E está com um pouco de espinha — a puberdade, com certeza. Você nunca vai acreditar: terça-feira não me cansei de repetir "puxa, você viu só?!", e "você viu a altura dele?".

Zlata.

Dnevnik rada

SRIJEDA
22.09.1993.

Dear Mimmy,

iako je sam napisala da ne vjerujem da će se 21.09.'93. god. desiti nešto lijepo, ipak je u meni treperila želja da se to dogodi. Ali - badava.
Politika mi i dalje zamračava ŽIVOT!!

Dear Mimmy,
voli te tvoja
Zlata

SUBOTA, 25.9.'93

Dear Mimmy,

struja je došla, ali se dijeli po planu redukcije. A redukcija, kao i cijeli ovaj ži-

PJESME

boja teških godina.

Dva, tri metra snijega i tutanj ligura
pusti Fiću kad ne pali dok ga raja ne gu...
Na ormaru dunje dvije
ja još čuvam za tebe

A na moru tamo, mlijeko, varenika,
svima ravno do mora, a more Zelenika
Od Makarske do Neuma
uspomena ostala.

REF:

Ako pitaš...

... Nikome se ne ponovilo!

Prepisivala:
Zlata Filipović

Domingo, 13 de junho de 1993

Dear Mimmy,

Hoje me enviaram cinco exemplares de VOCÊ. A primeira parte das confidências que fiz a você foi impressa, ou melhor, fotocopiaram meu caderno. No alto da primeira página está meu retrato e na página de trás, um olho. Legal! Mas não posso ficar muito prosa!

Ah, é. Ontem foi o aniversário de Mikica; dei os parabéns por telefone porque o bombardeio tinha recomeçado.

Cici não dorme mais aqui em casa, só ficou algumas noites. Desapareceu. Dedica-se à vida amorosa. Anda por aí.

Zlata.

Terça-feira, 22 de junho de 1993

Dear Mimmy,

Hoje é o primeiro ou o segundo dia do verão, não sei direito. Esta é a minha vida, Mimmy — sem luz, sem água, sem gás; uma escola que não parece escola, arroz, macarrão, umas verdurinhas da horta de tia Melica, umas guloseimas que me dão, meu piano e, claro, você, Mimmy.

Hoje entrou um cachorrinho na casa de Alma e Dado. Uma gracinha. Amarelo. Com as patinhas brancas. Uma coleirinha branca. Focinho branco. Cici ficou com ciúme porque ele acabou com a comida que estava no prato dela.

Fiquei encantada e estava com a intenção de trazê-lo aqui para casa, mas não vai dar. A gente já não tem o que comer, como ia alimentar o cachorrinho? Alma e Dado também não puderam ficar com ele pela mesma razão. Tchau!

Zlata.

Sábado, 26 de junho de 1993

Dear Mimmy,

Duas notícias tristes. A primeira: Alma e Dado não ficaram com o cachorrinho porque é um spincher anão e Alma queria um cachorro grande para andar com ele pela vizinhança.

BU-UUUU-ÁÁÁÁ!

Outra má notícia: Nedo vai embora. De férias, mas disse que não volta mais. Que vai dar o fora. Bandido. Todo mundo gosta tanto dele e ele se manda. Mas não é tão ruim assim. Pelo menos vamos ter alguém para nos mandar pacotes e tudo o mais. Mas mesmo assim... Estou supertriste, todo mundo gostava muito dele, era recíproco, e agora vamos ficar separados. Estão me chamando. Deixe eu ver o que é.

NÃO É NADA, ZLATA. VAMOS EM FRENTE. MAS FAÇA UM ESFORÇO PARA NÃO FICAR CHORAMINGANDO.

Tchau, Mimmy,
Zlata, que ama você.

Sexta-feira, 2 de julho de 1993

Dear Mimmy,

Duas notícias. Uma sensacional, a outra mais ou menos. Primeiro a mais ou menos: ontem, na escada do prédio dos Bobar, torci o pé. Foi só descer um degrau e crac! Hoje não fui à escola pois não estou conseguindo encostar o pé no chão e fiquei deitada. Não posso andar nem correr. Atadura, pomada Lasonil, não morri. A outra notícia, a sensacional: ontem à noite ia haver uma apresentação de meu diário. Infelizmente, como o gás está cortado, as gráficas não funcionam mais (como você vê, até o gás acabou) e não puderam imprimir os convites. Hoje estou anunciando a todo mundo: "A APRESENTAÇÃO FOI ADIADA".

A partida de Nedo não sai da minha cabeça. Não paro de dizer para mim mesma: "Não, ele não vai partir", depois volto a mim, fico mal, bem mal. Ele vai mesmo partir?

Slobo foi convalescer em Subotica. Talvez finalmente consiga reencontrar Doda e Dejan.

Sua Zlata.

Quarta-feira, 7 de julho de 1993

Dear Mimmy,

A partida de Nedo era pura verdade. Ele foi embora. Nestes últimos dias, trabalhou à beça, quase não estive com ele. Apareceu aqui ontem às 8h00 da noite para tirar umas fotos e se despedir. Ficou só meia hora. Às 8h30 disse simplesmente: "Bom, minha querida, está na hora". Dois ou três beijos, "Que é isso, Fipa, não é para chorar, cuidem-se bem, você também, cuide bem de você, você me escreve? Mande fotografias!". Depois, BAM! Bateu a porta. Nedo tinha partido!

Tudo tem um começo e um fim. Os bons tempos passados com Nedo também.

Depois do BAM!, comigo foi só BUA! BUA! BUA! E em volta de mim foi "Que é isso, Fipa, não chore, ele vai estar melhor lá, pense um pouco na vida dele...". É, eu sei... Mas onde foi parar meu lenço?... Eu sei, mas estou triste. BUÁ! BUÁ!...

Me acalmei um pouco e fiquei pensando. E pensando comecei a me lembrar de coisas. "Vocês se lembram daquela vez quando...". "É, o Nedo é mesmo um cara ótimo...", "Nedo..." isso, "Nedo..." aquilo, e assim por diante.

Fico muito chateada, estou muito triste, mas acho que para tia Boda deve ser muito difícil. Primeiro são Maja e Bojana que vão embora, agora Nedo, que ela considera um filho. Enfim, sei lá, tudo isso é muito chato; vamos Mimmy, venha cá, vamos nos matar.

Zlata, que ama você.

Sábado, 10 de julho de 1993

Dear Mimmy,

Agora também não tenho mais o Nedo. Todos vão embora, um atrás do outro, e eu fico. Mas Mimmy, será que algum dia consigo sair deste inferno? Já estou que não aguento mais. Com a partida de Nedo, me dei conta de que todos os meus amigos partiram. Estou em meu quarto. Cici está comigo. Está refestelada em cima da poltrona — dormindo. E eu estou lendo cartas. Tudo o que me resta dos amigos são cartas. Ler essas cartas me transporta para junto deles.

Estou com saudade de você, sabe, e espero que muito em breve a gente volte a se encontrar. Fora isso, vou me acostumando devagarinho a minha nova vida. Zlata, cuide-se bem e tome conta de seu pai e de sua mãe.

Com um abraço bem forte,

Matej.

Querida Fipa, penso sempre em você e tento imaginar o que você está fazendo, como vive. Sinto uma falta enorme de você, de Sarajevo também, a cidade mais linda do mundo, a cidade onde arde o coração do mundo sem jamais se apagar. Sei que é muito difícil para vocês. Só posso dizer que os amo e que sinto muita falta de vocês. Milhares e milhares de beijos.

Martina e as outras refugiadas

ansiosas para voltar.

Ouvi duas canções do Dr. Alban: "It's my life" e "Sing Alleluia". Não sei se vocês também tiveram oportunidade de ouvir. Hoje Maja estava falando que pretende gravar uma fita de Mick Jagger, Michael Jackson e Bon Jovi. Quanto à moda, tudo na mesma. Minha querida Fipa, como eu gostaria de poder bater papo com você.

Bojana, que ama você demais.

Minha querida Fipa, estou mandando essas *Teta* para você ver o que vai se usar neste verão — e que vai custar os olhos da cara. Claro, cada número de *Teta* vai acompanhado de um milhão de beijos e de palavrinhas carinhosas para que você saiba quanto Maja gosta de você e pensa em você.

Minha querida Zlata,

Você é minha melhor amiga e sempre vai ser. Ninguém jamais poderá romper nossa amizade, nem essa guerra. Embora você esteja em Sarajevo e eu na Itália, embora a gente não se veja há mais de um ano, você continua sendo minha melhor amiga.

Oga, que adora você.

Minha meninazinha,

Aí vai essa flor de nosso jardim e essa borboleta do bosque; você pode fazer um desenho delas. Se eu pudesse, mandava uma cesta de flores para você, a floresta inteira, árvores, um número infinito de passarinhos, mas não iam me deixar. Com essa borboleta e essa florzinha vermelha, mando todo o meu amor.

Não se preocupe com o futuro. Saiba que para as pessoas corajosas sempre haverá dias felizes. Seu papai, sua mamãe e você são pessoas valentes e a vida de vocês há de ser bela, cheia de alegria, vocês vão ser felizes.

Keka, que adora você
e que muitas vezes pensa em você.

Está vendo, minha Mimmy, nessas cartas todos me mandam seu amor, sua saudade, falam da vida normal, mandam poemas, fotografias da moda, fazem votos para que esta loucura acabe. Quando leio as cartas deles, às vezes começo a chorar porque tenho uma enorme vontade de voltar a vê-los, estou impaciente para viver, e não simplesmente receber cartas.

Cartas, eis tudo o que Nedo poderá me oferecer agora. Cartas, cartas, mas que para mim são tão importantes e que espero com tanta impaciência. Tchau!

Zlata.

Terça-feira, 13 de julho de 1993

Dear Mimmy,

Estou doente de novo. Febre, dor de estômago e dor de garganta. Ali, ao lado dos remédios, está o termômetro. Meu Deus, por que ainda por cima tenho que ficar doente? Sinto falta de Nedo e espero o dia de sua apresentação, Mimmy.

Sua Zlata.

Quinta-feira, 15 de julho de 1993

Dear Mimmy,
Me disseram hoje que sua apresentação vai ser no sábado. Isso, sábado! E eu doente. Em que vai dar isso, Mimmy?

Sábado, 17 de julho de 1993

Dear Mimmy,
A APRESENTAÇÃO.
Como você não foi comigo (só uma parte de você estava lá), preciso lhe contar.
Foi o máximo. A moça que fez a apresentação é incrivelmente parecida com a Linda Evangelista. Ela leu uns trechos de você, Mimmy, com um piano tocando ao fundo. Tia Irena também estava lá. Boazinha e carinhosa como sempre, sempre dizendo uma coisinha simpática para as crianças e para os adultos também.
Foi no subsolo do café Jež, que estava cheio de gente maravilhosa — todas as pessoas que eu amo, minha família, meus amigos, minhas amigas da escola e, claro, os VIZINHOS. Havia luz (graças ao gerador) e tudo ficou bem mais bonito à luz das lâmpadas elétricas. Quanto à organização, Mimmy, é preciso agradecer a Gordana Trebinjac, do Centro Internacional pela Paz, que fez tudo para que a festa fosse tão bonita.
Claro, havia câmeras, fotógrafos e grandes buquês de flores, rosas e margaridas, em nossa homenagem, Mimmy.
Bem no fim, li uma mensagem. Disse o seguinte:

De repente recorrendo à força de uma guerra que me enche de horror, estão tentando me tirar, me arrancar brutalmente da margem da paz, da felicidade de amizades maravilhosas, jogos, amor e alegria. Sou como um nadador que não tem a menor vontade de mergulhar na água gelada mas é obrigado a fazê-lo. Estou desorientada, triste, infeliz, sinto medo e me pergunto para onde estão tentando me levar, me pergunto por que me roubaram a paz da linda margem da minha infância. Eu era feliz vivendo cada novo dia, pois todo dia é belo a sua maneira. Era feliz por ver o sol, por brincar, por cantar, enfim, sentia prazer vivendo minha infância. Não desejava nada mais. Cada vez tenho menos forças para continuar nadando nestas águas gélidas. Levem-me de volta à margem da minha infância, onde eu estava aquecida, onde era feliz e estava contente, levem de volta para lá todas as crianças cuja infância foi destruída e que já não têm direito ao prazer de vivê-la.

A única palavra que desejo dizer ao mundo inteiro é PAZ!

Outra pessoa que estava na apresentação é JÚLIO FUENTES, um espanhol. Ele me fotografou de pé sobre uns contêineres (como os que eu sempre encho de água — esse líquido tão precioso para os habitantes de Sarajevo) e a senhora que era proprietária deles quase ficou louca. "Nãã-oo, vocês vão arrebentar meus contêineres." Mas não, não arrebentamos.

Em resumo, estava muito bom. Óbvio, não é, Mimmy? Afinal, era a sua apresentação. Apresentei você. Você sabe quanto eu amo você. Apresentei você com todo o amor que sinto por você.

À tarde, depois que voltei, tia Radmila tinha trazido um pote grande num papel de cores vivas amarrado com uma linda fita. No pote havia um tomateiro com tomates de verdade! Foi o mais lindo "buquê" que já me ofereceram.

Zlata, que ama você.

Zlata entre o pai e a mãe.
"O que esta guerra fez de meus pais!...
Eles já não se parecem com meu pai e minha mãe."

"Sou obrigada a continuar aguentando isso tudo, com você, Mimmy, na esperança de que a guerra termine [...] e eu possa novamente ser uma criança que vive sua infância na paz."

....

Sexta-feira, 23 de julho de 1993

Dear Mimmy,

Desde o dia 17 de julho estou sendo procurada por um monte de gente — jornalistas, fotógrafos, cinegrafistas. Espanhóis, franceses, americanos, ingleses... Ontem foi uma equipe da ABC NEWS. Para filmar a "Personalidade da Semana". Você está ouvindo? Sou uma personalidade. Fui filmada no quarto, ao piano, na sala com meus pais. Ficamos batendo papo. Em inglês, claro. Não quero me gabar, mas eles disseram que meu inglês era EXCELENTE.

Quer dizer que esta noite o mundo inteiro vai me ver (graças a você, Mimmy, você sabe). Mas eu vou ficar olhando para uma vela, porque em volta de mim só tem escuridão. Vou ficar olhando o escuro. Será que o mundo inteiro consegue ver o escuro que eu estou vendo? Não vou poder me assistir na televisão esta noite, mas com certeza o mundo não vai poder ver o escuro que eu assisto. Estamos em duas extremidades do mundo. Nossas vidas são diferentes. Eles vivem na luz, no dia. E nós, no escuro.

Sua Zlata.

P. S.: Cici está esperando gatinhos. Vai ser preciso "fazer a cabeça" de papai e mamãe para poder ficar com um.

Zlata.

Terça-feira, 27 de julho de 1993

Dear Mimmy,

Jornalistas, fotógrafos, equipes de rádio e televisão do mundo todo (até do Japão). Estão fotografando você também, Mimmy, e a gente fala de você e de mim. É animado. Simpático. E cômico, para uma criança da guerra.

Meus dias mudaram ligeiramente. Estão mais interessantes. "Viajo." À noite, quando me deito, relembro o dia que acabou, tão belo que nem parece um dia de guerra. E, dizendo isso para mim mesma, consigo adormecer facilmente.

De manhã, quando o rangido dos carrinhos usados para transportar água me acorda, me dou conta de que estamos em guerra, de que vivo na guerra! BOMBARDEIOS, SEM ÁGUA, SEM ELETRICIDADE, SEM GÁS, SEM COMIDA. Ou seja, quase sem vida.

Zlata.

Sexta-feira, 30 de julho de 1993

Dear Mimmy,

Um jornalista acaba de sair. Estou na janela. Está quente. Olho as pessoas que arrastam água.

Você precisava ver, Mimmy, tudo o que se usa para arrastar água. As pessoas se viram, veem-se carros de duas rodas, de três rodas, de puxar, carrinhos de mão, de bebê, macas de hospital, carrinhos de supermercado e, o melhor, trenós sobre patins. Você precisava ouvir a algazarra. Barulhos de todos os tipos, rodas que rangem.

É "isso" o que nos acorda pela manhã. É triste e engraçado ao mesmo tempo. Às vezes penso em todos os filmes que seria possível rodar em Sarajevo. Tem material para uma infinidade de filmes.

Zlata, que ama você.

Segunda-feira, 2 de agosto de 1993

Dear Mimmy,

Mais jornalistas, fotógrafos e cinegrafistas. Que escrevem, tiram fotos, filmam, e tudo isso vai para a França, a Itália, o Canadá, o Japão, a Espanha, os Estados Unidos. E você e eu, Mimmy, a gente fica aqui. Fica aqui esperando e, é claro, vendo pessoas.

Me compararam com Anne Frank. E isso me dá medo, Mimmy. Tenho medo de acabar como ela.

Zlata.

Sexta-feira, 6 de agosto de 1993

Dear Mimmy,

Esses jornalistas me perturbaram tanto que esqueci de lhe contar que a escola tinha acabado (dia 4 de julho). Acabou a sexta série. Foi um ano escolar de guerra.

Ontem Mirna dormiu aqui em casa. Não houve bombardeio, mas não tem eletricidade nem água. Em compensação, TEM GÁS! YESSS!

O gás foi religado agora há pouco, lá pelas 4h00 da tarde. Agora são 19h40 e ele ainda não acabou. Quanto

··· *155* ···

à eletricidade, faz A LONG, LONG TIME que não tem. Três meses sem eletricidade e sem água e sem pão.

Tente imaginar um pouco, Mimmy, tudo o que a gente tem que fazer para se virar. Cada dia que passa é mais duro.

As velas e as lamparinas substituíram as lâmpadas elétricas; quanto à água, é preciso arrastá-la, um fogãozinho a lenha (que lenha?) substitui o fogão elétrico. E o pão?... Esse é *o* problema. A farinha é vendida em divisas. E para assar a massa é preciso percorrer o bairro inteiro para achar um forno livre.

A gente se agita, a gente faz rápido, a gente corre — pânico da manhã à noite.

Imagine, Mimmy, fazer fogo em pleno agosto!

Zlata.

Domingo, 8 de agosto de 1993

Dear Mimmy,

Hoje recebemos uma carta de Keka, Martina e Matej. Que alegria! Rimos bastante, mas choramos mais ainda. Eles vão bem. Martina e Matej estão ficando "grandes", vivem, comem... Ah, por falar em comer, fiz papai, mamãe e Mirna rirem bastante hoje quando lhes disse que estava com vontade de comer alguma coisa com gordura, sal e açúcar, alguma coisa bem ruim para a saúde, que fizesse mal para o estômago, para que ao menos eu soubesse por que estava passando mal. Um grande sanduíche, por exemplo. Mas um de verdade, um de verdade verdadeira. NHAM!

Mirna vai dormir aqui esta noite também. Eu disse a ela que assim já era exagero (há! há! há!), que ela estava começando a me cansar com essa história de ficar o tempo todo aqui em casa (hi! hi! hi!). Ela precisa ensaiar — amanhã temos aula de piano e de solfejo. E o exame está próximo.

Terça-feira, 10 de agosto de 1993

Dear Mimmy,

Uma notícia muito triste. NÃO TEMOS MAIS GATO. Cici morreu. É terrível. Primeiro Cicko, agora ela.

Na casa de tia Boda, hoje, eu estava falando disso e daquilo, contando a ela que tinha tirado 3 em solfejo, que tia Irena tinha me dado uma calça de presente, que o exame de piano estava chegando. E perguntei a ela por que eles não tinham aparecido ontem à noite.

Tia Boda: — Um problema...

Eu, tolamente: — Ah é? O quê?...

Ela: — Não temos mais gato.

Eu, com ar perdido: — P-Por quê?... Cici não... está... Cici morreu?...

Eu ainda, com um nó na garganta: — Bom, já vou. Vou para casa. Preciso voltar para casa. Até logo...

E depois de chegar em casa: — BU-U-U-Á! UUUU-Á!

Papai e mamãe em dueto: — O que está acontecendo?

Eu: — Cici... Cici... Morreu...

Papai e mamãe, novo dueto: — Aaaah!...

E em seguida as grandes águas. Não, não é possível... Nosso gato morreu. O mais doce, o mais gentil, o mais bonito, o mais maravilhoso gato do mundo. Pobrezinha da Cici... Toda vez que penso nela, ela que era tão doce, tão meiga, choro copiosas lágrimas. Sei que estão acontecendo coisas horríveis, que pessoas morrem, que estamos em guerra, mas nem por isso... Estou terrivelmente

··· *157* ···

triste. Ela nos deixava de bom humor, fazia a gente rir, enchia nossa vida. Minha linda Cici amarela. Minha amiga. Haris e Enes enterraram-na no pátio interno do prédio, ao lado de Cicko. Fizeram um pequeno túmulo com telhas. Ela merece.

Estou muito muito triste.

Zlata.

Quarta-feira, 11 de agosto de 1993

Dear Mimmy,

Hoje é o primeiro dia sem Cici. Ela me faz uma falta terrível. Todo mundo está triste. A gente fala dela, a gente se lembra de como ela era doce e bonita.

Ela ia ter filhotes e morreu sem conseguir pô-los no mundo. Está vendo, Cici, é tudo culpa desse gato sem-vergonha. E eu que teria ficado tão feliz com um gatinho!

Sua Zlata.

Sexta-feira, 13 de agosto de 1993

Dear Mimmy,

Os dias vão passando. Os dias vão passando sem Cici. É preciso viver...

Recebi meu boletim. Passei de ano. Tirei 5 em tudo.

O exame de piano está marcado para segunda-feira. Estou nervosa.

Zlata.

Domingo, 15 de agosto de 1993

Dear Mimmy,

Recebemos uma carta de Maja, Bojana e Nedo. Nedo está agora na Áustria, em Viena. Estão todos reunidos. É uma carta curta, eles pensam em nós tanto quanto nós neles.

Uma novidade. Nedo vai se casar no dia 26 de agosto. Maja vai ser madrinha. Isso se ela conseguir chegar lá.

Sua Zlata.

Terça-feira, 17 de agosto de 1993

Dear Mimmy,

Jornalistas, fotógrafos e cinegrafistas continuam vindo me visitar. Já conheço muitos deles. Alguns vêm pela segunda vez. Toda uma lista de nomes — Alexandra, Paul, Ron, Kevin... Gosto deles. Hoje Alexandra me fotografou perto da FORPRONU. Eu e Mirna.

Esqueci de lhe contar que a "gasomania" chegou a nossa casa. Mandamos pôr gás (quer dizer, instalar). Mas será que vai ter gás?

A corrente elétrica foi religada na cidade. Mas os ladrões, os bandidos, os criminosos daqui roubaram o petróleo da estação transformadora; de modo que a gente praticamente nunca tem corrente elétrica. E você sabe por quê? Porque o petróleo serve para fazer os carros andarem.

Sua Zlata.

Quarta-feira, 18 de agosto de 1993

Dear Mimmy,

Ontem ouvi uma notícia otimista. Em Genebra os "moleques" assinaram um acordo sobre a desmilitarização de Sarajevo. O que posso dizer?... Que estou esperançosa, confiante? Como eu ia poder dizer uma coisa dessas? Tudo aquilo em que eu acreditava, tudo o que esperava não aconteceu, e em compensação tudo em que eu não acreditava, tudo o que eu não esperava aconteceu.

Hoje os jornalistas italianos me perguntaram o que eu achava de "Sarajevo — Cidade Aberta". Eu disse qualquer coisa a eles, mas na realidade acho que esses "moleques" estão só se divertindo, não tenho mais confiança neles e estou por aqui de tudo. Só o que sei é que não temos mais eletricidade, nem água, nem comida; que continuamos sendo mortos, que não temos mais velas, que o mercado negro e os crimes estão aumentando, que os dias estão ficando cada vez mais curtos e que em breve vai chegar o que toda Sarajevo teme — o INVERNO. Só de pensar sinto calafrios.

Papai e mamãe dizem frequentemente "Post nubila, Phoebus". É latim, Mimmy, e quer dizer "Depois das nuvens, o sol". É, mas quando?

Zlata.

Quinta-feira, 19 de agosto de 1993

Dear Mimmy,

Mirna prestou hoje seu exame de piano. Tirou 5. O meu é amanhã. Preciso ensaiar.

Outra coisa: o gás foi cortado. Estão dizendo que talvez amanhã volte a luz. Vamos ver.

Zlata.

Sábado, 21 de agosto de 1993

Dear Mimmy,

Ultimamente todo mundo anda de mau humor. Papai, mamãe, tio Braco, tia Melica, vovô, vovó... Não sei por quê, mas todo mundo está nervoso.

Já lhe contei, Mimmy, que Kenan (meu primo, filho de tia Melica) está no hospital? Não, não, espere, não foi ferido... Nada de grave. Hepatite. Deve ser por causa da água, porque eles usam água de uma fonte que sem dúvida não é "limpa". Neste setor da cidade parece até uma epidemia.

Mirna veio ontem aqui em casa. Também não está OK.

Anteontem fui à casa de Dijana, minha prima. Vi dois filmes na casa dela: *Purple rain* e *Bonequinha de luxo*. Adoro Audrey Hepburn. Você sabia que Audrey H. morreu? É, há um ou dois meses... talvez mais.

Prestei ontem meu exame de piano. E tirei 5. Demais!

A situação política está ENROLADA E IMBECIL. Talvez seja por isso que todo mundo anda tão nervoso. Esses "moleques" estão tentando novamente fazer um acordo. Desenham mapas, colorem os mapas com lindas cores e fico com a sensação de que eles estão riscando, eliminando o homem, a infância, tudo o que é belo, normal. Parecem mesmo garotinhos.

Não estamos mais recebendo cartas. Não sei por quê, mas faz alguns dias que ninguém mais recebe cartas.

Zlata.

Quinta-feira, 26 de agosto de 1993

Dear Mimmy,

Hoje Nedo se casa. Isso mesmo, o nosso Nedo. Como diz Bojana, hoje é "o dia do Juízo Final". A partir de hoje ele deixa de ser um rapaz para virar chefe de família. Essa é boa!

Fizemos uma festinha em homenagem ao casamento dele. Mamãe fez um bolo (ouviu bem? um bolo) em forma de coração. Delicioso. Tia Boda e Alemka prepararam todo o resto — enfim, o que é possível preparar com esta guerra —, sanduíches, pequenos croissants, *pita* (com um pouco de arroz, um pouco de beterraba e tudo bem)...

Nos reunimos em casa de tia Boda. Nedo e Amna estavam em Viena. Mas em pensamentos estávamos com eles e lhes transmitimos todos os nossos votos de felicidades. Fizemos de conta que estávamos num casamento, Mimmy, numa vida onde se faz de conta. Como todo o tempo em Sarajevo. Brincamos de fazer de conta que estamos vivendo para que fique mais fácil.

Estou me sentindo muito esquisita, Mimmy, acho gozado Nedo se casar. Tia Boda mandou um cartão de felicitações com o nome de todos os vizinhos e amigos de Sarajevo. No fim, ela escreveu: "E também da parte de uma pequena senhorita amarela que se foi...". É verdade, ela se foi, mas a gente endurece, Mimmy. Esta guerra nos endurece e pouco a pouco vamos deixando para trás tudo o que nos faz sofrer.

Sua Zlata.

Sexta-feira, 27 de agosto de 1993

Dear Mimmy,

Ontem foi o casamento de Nedo. E também a partida de tia Radmila e tio Tomo. Para sempre. Eles abandonaram Sarajevo para sempre. Desde o momento em que deixaram de ter casa e tudo o que se põe dentro dela, estavam morando no apartamento de alguma outra pessoa. Eram obrigados a dividi-lo com outros locatários, e como estavam separados das filhas desde o início da guerra foram recomeçar vida nova em algum lugar e reunir-se às meninas.

Estou triste porque tia Radmila foi embora. Ela era tão boa comigo. Quantas vezes ela me deu guloseimas, um chiclete, um saquinho de leite em pó, uma fruta, uma bebida quente! Sem falar em seu magnífico buquê: o pé de tomate.

Mamãe está chateada. Ela também está perdendo tia Radmila, agora ela só tem tia Ivanka. E eu estou com a impressão de que dentro em breve ela e tio Mirko também vão partir. Pois é, Mimmy, os amigos vão embora e nós vamos nos despedir, só que nós — nós vamos ficando. Tchau.

Zlata.

Quinta-feira, 2 de setembro de 1993

Dear Mimmy,

Alexandra (a repórter de *Le Figaro*) veio aqui em casa. Passou para me dar um oi e tirar algumas fotos. Já nos encontramos várias vezes; me sinto muito próxima dela, viramos verdadeiras amigas.

··· *163* ···

Ela voltou de Mostar* transtornada. Disse que lá a situação está horrível. Que na realidade já não resta nada de Mostar. Uma cidade tão bonita. Alexandra desmoronou depois do que viu.

As pessoas estão dizendo que Sarajevo vai ter o mesmo fim. Mimmy, estou com medo. Você está vendo o que é importante hoje? Hoje é o império da força, a força pode tudo. Pode suprimir as pessoas, as famílias, as cidades. Pela milionésima vez, lhe faço esta pergunta: POR QUÊ? POR QUE EU? POR QUE É PRECISO QUE TUDO ISSO ACONTEÇA?

Alexandra vai voltar para a terra dela. Vai rever seu pacífico país, sua cidade, seus amigos, seu trabalho. Tem tantas coisas a rever por lá. E EU?... Quanto a mim, meu país está em chamas, em ruínas, minha cidade está destruída, meus amigos estão refugiados no mundo inteiro... Mas felizmente tenho você, Mimmy, e suas linhas, que passam o tempo todo esperando, pacientemente e sem nada dizer, que eu as cubra com minhas tristes confidências.

Fui com Alexandra ver a Viječnica, a antiga biblioteca de Sarajevo. Gerações e mais gerações se nutriram de suas riquezas, folhearam e leram a multidão de livros que ela continha. Um dia alguém disse que um livro era o bem mais precioso, o melhor amigo que se poderia ter. A Viječnica era uma mina de tesouros. O número de amigos que se tinha nessa biblioteca! Quantos tesouros, quantos amigos nesse fantástico monumento histórico — e perdemos todos. Desapareceram no fogo que os engoliu.

A Viječnica não passa de uma mina de cinzas e tijolos; aqui e ali vê-se ainda uma folha de papel com palavras

(*) Capital da Herzegóvina.

impressas. Como lembrança de toda essa riqueza, peguei um pedaço de tijolo e uma lasca de metal.

Despedi-me de Alexandra na esperança de logo voltar a vê-la.

Sua Zlata.

Sábado, 4 de setembro de 1993

Dear Mimmy,

Ontem, novamente, trovejou um pouco. No outro dia, sobre nossa ponte, um homem foi ferido por um francoatirador. Roubaram o regulador de pressão da caldeira de Perviz. Temos gás em casa (quer dizer... o encanamento, pois o gás está cortado). Me irrita não ter eletricidade. E comida, então? O inverno está aí, quando a eletricidade voltar a gente liga os radiadores. O correio não chega mais, nem pela FORPRONU. Ah, siiim! Samra casou-se ontem. O feliz eleito se chama Zijo (GRAVE DEFEITO: tem as mãos úmidas). Mamãe e eu fomos assistir a um "ato solene", "as núpcias contraídas por Kozarić Samra e Pehid Zijad", como disse a funcionária do registro civil. Essa senhora fez a coisa toda numa velocidade tal que nem consegui me dar conta do que estava acontecendo. Depois foram todos comer no Premier. Mamãe e eu voltamos para casa para comer um MINGAU sem o menor gosto. Sem gosto mas bom. E aí está, Mimmy, assim são as coisas!

Saudações de Zlata.

Domingo, 5 de setembro de 1993

Dear Mimmy,

Todo mundo está com os olhos e os ouvidos voltados para Genebra. Discutem outra vez, negociam. Tenho a impressão de que isso nunca vai acabar. Enquanto esperamos, passa a infância, passa a juventude, passa a vida. Ficamos na posição de testemunhas que não mereceriam ter que enfrentar tudo isso.

Soubemos hoje que as cartas não chegam mais a Sarajevo. Se há coisa pior que os cortes de água, gás e luz, é isso, pois as cartas são nosso único elo com o mundo. E esse elo foi cortado. Já basta!

Hoje Žika me trouxe uma maravilha: uma laranja. Uma laranja de verdade! "Espere um pouco", me disse mamãe, "deixe eu ver se ainda me lembro de como se descasca uma laranja..." E... não, ela não tinha esquecido. Soube descascar. Uma laranja cheia de suco. NHAM!

Fomos à casa de Djoko (o tio de Bojana e Verica). Para ver se elas não tinham deixado sapatos. Os meus estão pequenos. Mas não, não encontrei. Nada se move, Mimmy, mas eu cresço.

Djoko nos deu uma notícia triste. O estado de Slobo se agravou ainda mais e ele foi transferido para o VMA* de Belgrado. Quanto a Doda e Dejan, partiram para a Eslovênia. Mais uma vez, estão separados. Triste destino de uma família. Tchau!

Zlata.

(*) Hospital militar de Belgrado (Sérvia). Um dos maiores hospitais da ex--Iugoslávia.

Segunda-feira, 6 de setembro de 1993

Dear Mimmy,

É a volta às aulas. Estou na sétima série. Matérias novas, novas coisas para aprender, novas atividades, novos dias de aula; não estou nervosa como nos outros anos. Deve ser por causa da guerra.

São quatro classes reunidas na mesma sala. Uns estudam servo-croata, outros biologia, outros inglês, e outros química. É terrível, Mimmy, isso me deixa triste. Eu teria merecido uma escola normal. Você não acha? O que eu fiz, então, para não merecer?

Sua Zlata.

Quarta-feira, 8 de setembro de 1993

Dear Mimmy,

Recebi uma carta hoje. Uma carta de meu amigo de Viena. É, de meu amigo Nedo. O prazer que me deu! Nem preciso contar, você sabe.

Minha querida Fipa,

Lamento realmente não ter podido assistir à apresentação de seu Diário, mas tenho meu exemplar, que nunca vou dar para ninguém (a não ser que me tirem à força das mãos).

Preciso confessar uma coisa a você: para mim também foi muito, muito difícil a noite de minha partida. Eu estava me "fazendo de durão", mas tinha um nó na garganta, não conseguia mais falar. Uma parte de mim ficou, está com vocês em Sarajevo.

Mas um dia, em algum lugar, vamos nos rever e rir de todas as nossas chateações, tanto das pequenas como das grandes.

Devagar, a razão volta às pessoas.

Nedo, que ama muito você.

Isso é só uma parte da carta de Nedo, ela está em cima da mesa, leio e releio. Estou decorando a carta, como faço com todas as outras. A de Nedo também vai ficar guardada em meus "arquivos de guerra".

Paul (um jornalista) passou aqui hoje para me visitar. Está de partida para Londres. Como eu estava na escola, não pude vê-lo. Mas ele disse que voltava no fim do mês. Nessa ocasião vamos poder nos ver outra vez. E vou ficar bem contente, pois Paul se transformou num amigo que eu tenho. Tchau, Paul, até a próxima vez!

Zlata.

Quinta-feira, 9 de setembro de 1993

Dear Mimmy,

Hoje é aniversário de mamãe. Dei um enooorme beijo nela e lhe desejei um "Feliz aniversário, mamãe". Não tinha mais nada para lhe oferecer.

É o segundo aniversário de guerra de mamãe. O meu está chegando. Dezembro se aproxima. Será que vai ser um aniversário de guerra? Mais um?

Sua Zlata.

Quarta-feira, 15 de setembro de 1993

Dear Mimmy,

Tudo de novo. Os bombardeios recomeçaram e todo mundo está nervoso. Estamos pensando de novo no porão, estamos com medo de que volte tudo. Espero sinceramente que não. Mas esperar, aqui, não quer dizer nada.

Amanhã vou à FORPRONU da Skenderija — ao dentista. Todas as crianças de nosso bairro foram, chegou minha vez.

A escola! Como estou decepcionada! Tem um monte de crianças que perderam o ano escolar no ano passado. Realmente não estou com a sensação de estar na sétima série, parece que continuo na sexta, como naquele mês de abril de há não sei quanto tempo, abril de 1992. O tempo parece ter parado naquele momento.

Os livros da escola não são meus, não são novos. Tem de Bojana, outros de Martina, outros de Dijana, e outros foi Mirna quem me deu. As canetas são velhas, os cadernos estão metade escritos, são dos anos anteriores. A guerra conseguiu estragar até a escola e a vida dos estudantes.

Na escola de música estou no sexto ano. A professora me disse para praticar todos os dias e ficar "com o traseiro colado" no tamborete. É o último ano. Preciso levar a sério.

Amanhã montes de jornalistas, fotógrafos e equipes de televisão vão chegar da França. Quem sabe Alexandra e Christian também vêm! Estou sentindo falta deles.

Sua Zlata.

Sexta-feira, 17 de setembro de 1993

Dear Mimmy,

Esses "moleques" estão discutindo outra vez, vão assinar alguma coisa. Um vez mais, nos dão a esperança de que esta loucura acabará. Amanhã as armas devem se calar e no dia 21 de setembro, no aeroporto de Sarajevo, todos devem assinar A PAZ.

Será que a guerra acaba com o primeiro dia do outono?

Já me decepcionei tantas vezes com todos os cessar-fogo e todas as assinaturas de acordos do passado que nem acredito mais que isso venha a acontecer. Não, não posso acreditar, pois hoje mesmo uma granada custou a vida de um meninozinho de três anos e feriu sua irmã e sua mãe.

Só sei que a brincadeirinha deles provocou quinze mil mortes em Sarajevo — três mil delas de crianças — e mais cinquenta mil deficientes físicos permanentes que andam pelas ruas com suas muletas e suas cadeiras de rodas, gente que não tem mais braços, não tem mais pernas. Sei também que não tem mais lugar nos cemitérios e parques para as novas vítimas.

Talvez essa seja uma boa razão para que esta loucura acabe.

Sua Zlata.

Domingo, 19 de setembro de 1993

Dear Mimmy,

Penso sem parar em Sarajevo, e quanto mais penso mais tenho a impressão de que Sarajevo está deixando de ser o que era. Tantos mortos, tantos feridos. Monumentos históricos destruídos. Tesouros em livros e em quadros desaparecidos. Árvores centenárias serradas. Tanta gente que deixou Sarajevo para nunca mais voltar. Não há mais pássaros, só um coitado de um pardal piando. Uma cidade morta. E os senhores da guerra sempre discutindo, sempre desenhando mapas, sempre inutilizando os mapas feitos — até quando, não sei. Até o dia 21 de setembro? Não acredito.

Sua Zlata.

Segunda-feira, 20 de setembro de 1993

Dear Mimmy,

Todos os olhares, todos os ouvidos estão voltados para a partida de Guerra ou Paz de *amanhã*. Todo o mundo espera esse encontro histórico no aeroporto de Sarajevo. E de repente, uma notícia inesperada. Os senhores da guerra — sérvios, croatas e muçulmanos — encontraram-se num navio de guerra no Adriático. Para um novo naufrágio?... Continua no próximo número!

Sua Zlata.

Terça-feira, 21 de setembro de 1993

Dear Mimmy,

A partida histórica GUERRA ou PAZ foi adiada. O que significa que a PAZ perdeu novamente. Francamente, estou farta dessa política!

Sua Zlata.

··· *171* ···

Quarta-feira, 22 de setembro de 1993

Dear Mimmy,

Embora eu tivesse dito a você que não acreditava no dia 21 de setembro de 1993, lá no fundo de mim luzia uma pequena centelha de esperança. Dançou.

Um outro dia "D" chegou e foi embora. Quantos já tivemos? Cem? Um milhão? Quantos ainda virão?

A política envenena minha vida.

> Dear Mimmy,
> sua Zlata, que ama você.

Sábado, 25 de setembro de 1993

Dear Mimmy,

A luz voltou, mas racionada. Um plano inteiramente imbecil, tão imbecil quanto nossa vida. A cada cinquenta e seis horas nos dão quatro horas de energia elétrica. Você vai ver, Mimmy, o hospício que isto vai virar quando chegar a energia elétrica. Uma montanha de roupa suja espera a máquina de lavar. E uma montanha mais alta ainda de roupa lavada espera o ferro de passar. O pó espera o aspirador. E além disso vai ser preciso cozinhar um pouco, assar o pão — e bem que a gente gostaria de assistir um pouco de televisão. Precisa lavar o cabelo, secar com o secador... Não, é inconcebível. Assombroso.

Mamãe me repete o tempo inteiro: "A instalação não aguenta, vamos ficar de vez sem eletricidade. Não vai dar". Calma, mamãe.

A água não está tão rara.

Quanto ao pão, temos problemas novamente — mesmo tendo eletricidade. Temos direito a trezentos gramas por pessoa... a cada três dias! Ridículo.

Hoje no almoço bem que eu ri quando papai disse: "Até que está gostoso o nosso almoço estilo alemão". Sabe por que "estilo alemão", Mimmy? Era uma salada de batatas com cebolas comprada no mercado dos "ricos" com marcos alemães. Junto com a salada comemos uma lata de peixe de uma marca alemã proveniente da Ajuda Humanitária. Quer dizer, era um almoço "estilo alemão", não é mesmo?

Sua Zlata.

Quarta-feira, 29 de setembro de 1993

Dear Mimmy,

Eu estava esperando impacientemente os dias 27 e 28 de setembro de 1993. No dia 27 seria realizada a Assembleia dos Intelectuais Bósnios e no dia 28 a sessão da Assembleia Nacional. Que teve como resultado a "aceitação condicional" dos acordos de Genebra. CONDICIONAL. O que significa isso? Para mim, quer dizer que os acordos não foram aceitos, pois a paz não se restabeleceu. Para mim, quer dizer que a guerra continua e que tudo o que a guerra traz consigo também continua.

O círculo se fecha outra vez. Os círculos, Mimmy, sempre se fecham outra vez, e nós, lá dentro, estamos ficando sufocados.

Às vezes me dá vontade de ter asas para poder voar para longe deste inferno.

Como Ícaro.

Não tem outro jeito.

Mas também seria preciso que mamãe tivesse asas, que papai, vovô e vovó, todo mundo tivesse asas... e você também, Mimmy.

Mas não dá, homens não são pássaros.

Por isso sou obrigada a continuar aguentando isso tudo, com você, Mimmy, na esperança de que a guerra termine e que eu não acabe como Anne Frank. Na esperança de que eu possa novamente ser uma criança que vive sua infância na paz.

Zlata, que ama você.

Segunda-feira, 4 de outubro de 1993

Dear Mimmy,

A vida no círculo fechado continua. Você fica perguntando que tipo de vida é esta. É uma vida que se passa na espera e no medo, uma vida que se passa na esperança de que o círculo se abra, de que o sol da paz volte a brilhar.

Hoje, quando eu estava tocando piano, mamãe entrou em meu quarto para me dizer que tinha uma visita para mim. Entrei na sala e vi ALEXANDRA. Ela chegou esta manhã de Paris. Cansada, bonita, contente. Fiquei feliz em vê-la. Confesso que esperava este dia com impaciência, porque ela é realmente fantástica. Agora que voltou para Sarajevo, vamos poder conversar.

Zlata.

Quinta-feira, 7 de outubro de 1993

Dear Mimmy,

Nestes últimos dias, a rotina. Não houve bombardeio, graças a Deus. Vou à escola, leio, toco piano.

O inverno está chegando e não temos nada para aquecer a casa.

Olho o calendário, tudo indica que este ano de 1993 vai ser um ano só de guerra. Meu Deus... dois anos perdidos ouvindo bombardeios, sofrendo com a falta de luz, de água, de comida, e esperando a paz.

Olho papai e mamãe. Em dois anos, envelheceram o que teriam envelhecido em dez anos de paz. Eu? Não envelheci, cresci, sei lá quanto. Não como frutas nem legumes, não bebo suco de frutas, não como carne... Sou uma criança do arroz, do feijão e do macarrão. Não!... Já estou falando em comida outra vez! Sempre me pego sonhando com frango, bife à milanesa, lasanha... Ah, chega, vamos falar de outra coisa.

Zlata.

Terça-feira, 12 de outubro de 1993

Dear Mimmy,

Não sei mais se já lhe contei que no verão passado mandei uma carta, através da escola, para um amigo desconhecido dos Estados Unidos, eu não sabia se menina ou menino.

Hoje recebi a resposta. De um menino. O nome dele é Brandon, tem doze anos como eu e mora em Harrisburg, na Pensilvânia. Estou maravilhada.

Não sei quem inventou as cartas e o correio, mas aqui vai um grande "obrigada"! Agora tenho um amigo nos Estados Unidos e Brandon tem uma amiga em Sarajevo. Das cartas que já recebi, é a primeira que atravessou o Atlântico. Na carta também havia um envelope para a resposta e uma linda caneta.

Hoje, durante a aula de educação física, chegou uma equipe da televisão canadense e uma jornalista do *Sunday Times* (Janine). Eles me deram dois chocolatinhos. Um banquete. Fazia muito tempo que eu não comia uma coisa tão deliciosa.

Zlata, que ama você.

Quarta-feira, 13 de outubro de 1993

Dear Mimmy,

Hoje recebemos uma carta da Itália, de Oga e de Jaca. Na carta havia uma fotografia. Oga virou realmente uma mocinha e quando se lê sua carta dá para ver que é séria e madura. Não consigo reconhecê-la direito. Mamãe começou a chorar quando viu a fotografia. Gostamos muito da carta. Foi escrita em agosto: levou muito, muito tempo para chegar até aqui.

Eles também leram você, Mimmy, mandei uma cópia para eles. Disseram que choraram e riram ao mesmo tempo enquanto liam. Veja o que disse Oga:

> Quantas vezes me lembro da gente na Jahorina... Mas hoje tudo aquilo não passa de uma bela recordação. Esqui, trenó na estrada, castelos de neve, conversa mole antes de dormir, aniversários, réveillons. As maravilhosas lembranças de ocasiões deliciosas que de repente acabaram e que jamais se repetirão.

Na Jahorina, todas as casas foram saqueadas, chegaram ao ponto de desmontar os interruptores. Que imbecis! Aquelas casas poderiam ter servido para abrigar refugiados.

Para mim seria muito doloroso ver isso. Só o que nos resta são as lembranças.

Tentei imaginar essas casas abandonadas onde a relva está crescendo. Confesso a você, Mimmy, que minha garganta ficou apertada. Quer dizer que a guerra também destruiu a Jahorina e todos os momentos maravilhosos que lá passei.

Eles me convidam a ir para a Itália e dizem que não mereço ficar aqui. Eu gostaria, de todo o coração, mas é impossível. Ninguém pode sair desta cidade maldita.

Nestes últimos dias os bombardeios estão diminuindo; na realidade eles praticamente pararam e papai e mamãe pensam incessantemente no futuro. Dizem que nesta cidade não existe futuro. É o que muita gente pensa. Mas é impossível sair desta cidade.

Zlata, que ama você.

Quinta-feira, 14 de outubro de 1993

Dear Mimmy,

Até parece que esses malucos das colinas leram o que eu escrevi para você ontem a respeito dos bombardeios. Querem me provar que continuam lá. Hoje bombardearam. Caíram granadas pertinho do mercado — e nós sem notícias de vovô e vovó. Coitados. Esses loucos, além de terem roubado minha infância e a das outras crianças, também roubaram a velhice tranquila de meu avô, de minha avó e das outras pessoas idosas.

Eles impedem essas pessoas de viver em paz o tempo que lhes resta de vida. Mais uma coisa que eles tinham que estragar.

Hoje não fui à escola nem à aula de música. Mandaram a gente de volta, o que significa que vou ter que passar o dia em casa lendo, tocando piano ou visitando Nejra e Haris. Hoje eu devia ir à casa de Mirna; mais um prazer que me tiram.

Não lhe contei, Mimmy, que você vai dar a volta ao mundo. Vai ser publicado no mundo todo. Permiti, para que você conte a todos o que lhe contei. Falei a você da guerra, de mim, de Sarajevo em guerra, e o mundo quer saber dessas coisas. Eu lhe disse o que sentia, o que via e ouvia; agora as pessoas de fora de Sarajevo também vão saber. Boa viagem em sua volta ao mundo, Mimmy.

Sua Zlata.

Domingo, 17 de outubro de 1993

Dear Mimmy,

Ontem nossos "amigos das colinas" nos lembraram que continuam lá e que podem matar, ferir, destruir... Ontem foi verdadeiramente um dia horrível.

Quinhentas e noventa granadas. Desde as 4h30 da manhã, o dia inteiro. Seis mortos, cinquenta e seis feridos. É o balanço do dia de ontem. O pior foi em Sukbunar. Estamos sem notícias de tia Melica. Parece que lá em cima as casas ficaram totalmente demolidas.

Descemos para o porão. Essa droga de porão gelado e escuro que tanto odeio. Ficamos lá quatro horas inteiras! E bomba por todo lado. Todos os vizinhos estavam lá.

DE NOVO! De novo quebraram, estragaram todas as nossas esperanças, jogaram tudo no chão. Parecia que não iam mais fazer isso. Que o fim não ia demorar, que toda a confusão ia acabar. QUE ESTA GUERRA IMBECIL IA CHEGAR AO FIM.

Senhor Deus, por que é preciso que eles estraguem tudo o que temos? Às vezes digo para mim mesma que seria melhor que os bombardeios nunca se interrompessem para que nossa decepção não fosse tão grande quando tudo recomeça. A gente relaxa um pouco e em seguida COMEÇA TUDO DE NOVO. Agora tenho certeza de que isso nunca vai acabar. Tem gente que não quer que acabe, gente ruim, que odeia as crianças e pessoas como nós.

Digo para mim mesma, sem parar, que estamos todos sozinhos neste inferno, que ninguém pensa em nós, que ninguém nos estende a mão. No entanto há gente que pensa, que se preocupa conosco.

Ontem uma equipe da televisão canadense veio aqui em casa com Janine para ver como estávamos nos virando nessa loucura de bombardeio. Um belo gesto. Humano.

E quando vimos Janine chegando com os braços cheios de provisões, começamos a chorar. Alexandra também estava aqui.

Pessoas humanas se preocupam conosco, pensam em nós, pessoas desumanas querem nos destruir. Por quê? Uma vez mais, me faço a mesma pergunta: por quê?

Não fizemos nada. Somos inocentes. E não podemos fazer nada!

Zlata.

CRÉDITO DAS FOTOS

Robert Laffont/Fixot; fac-símiles do diário.

Coleção particular: fotos entre as pp. 32 e 33, 48 e 49 e fotos ao lado da p. 80.

Alexandra Boulat/SIPA PRESS: foto ao lado da p. 81 e fotos entre as pp. 96 e 97, 128 e 129, 152 e 153.

1ª EDIÇÃO [1994] 47 reimpressões

ESTA OBRA FOI COMPOSTA PELA VERBA EDITORIAL EM NEW BASKERVILLE
E IMPRESSA PELA GEOGRÁFICA EM OFSETE SOBRE PAPEL PÓLEN DA
SUZANO S.A. PARA A EDITORA SCHWARCZ EM MARÇO DE 2025

A marca FSC® é a garantia de que a madeira utilizada na fabricação do papel deste livro provém de florestas que foram gerenciadas de maneira ambientalmente correta, socialmente justa e economicamente viável, além de outras fontes de origem controlada.